저자 소개

글 사회평론 역사연구소

오랫동안 어린이 교육과 역사 콘텐츠를 연구한 전문가들이 모여, 우리 아이들이 쉽고 재미있게 공부할 수 있는 책을 만들고 있어요. 《용선생의 시끌벅적 한국사》, 《용선생 교과서 한국사》, 《용선생 처음 세계사》, 《교양으로 읽는 용선생 세계사》 등을 쓰고 펴냈어요.

김언진 | 사회평론 역사연구소 연구원

국어교육을 전공하고, 초·중등학생을 대상으로 한 국어 및 독서 논술 교재 콘텐츠를 연구 개발했어요.

장유영

서울대학교에서 지리교육, 공통사회교육, 언론정보학을 공부했어요. 졸업 후 학교에서 학생들을 가르치다 지금은 어린이책을 만들고 있어요.

김선빈

고려대학교 국어국문학과를 졸업하고, 국어·사회과, 역사와 관련된 다양한 교육 프로그램과 콘텐츠를 개발했어요.

김선혜

고려대학교 사학과를 졸업하고, 여러 회사에서 콘텐츠 매니저, 기획 업무를 담당했습니다. 누구나 쉽고 재밌게 읽을 수 있는 역사책을 쓰는 것이 꿈입니다.

그림 김지희

만화가이자 일러스트레이터예요. 출판 작업으로 《하이브로 학습도감-해적앵무》를 시작으로 《난생 처음 한번 공부하는 미술이야기》의 삽화와 《용선생의 시끌벅적 과학교실》의 삽화를 담당했어요.

그림 전성연

그래픽 디자인을 전공하고 직장을 다니며 일러스트 작업 활동을 하고 있어요.

자문·감수 전명윤

아시아 여행/문화 전문가예요. 《인도 네팔 100배 즐기기》, 《중국 100배 즐기기》, 《프렌즈 베이징》, 《프렌즈 홍콩》 등 다양한 여행 서적을 썼어요. 여러 매체에 기고와 방송 출연, 기업체 강연을 진행하고 있어요.

캐릭터 이우일

홍익대학교에서 시각 디자인을 공부했어요. 《우일우화》, 《고양이 카프카의 고백》, 《용선생의 시끌벅적 한국사》, 《교양으로 읽는 용선생 세계사》 등을 그렸어요.

용선생이 간다

세계 문화 여행 · 8

글 사회평론 역사연구소 | 그림 김지희·전성연 | 자문·감수 전명윤 | 캐릭터 이우일

 인도

사회평론

차 례

1일 뉴델리(델리)

장하다, 델리에서 소똥을 밟다! ... 11

용선생의 스페셜 가이드
인도 집중 탐구 ... 20

2일 아그라

왕수재, 타지마할의 아름다움에 반하다! ... 23

용선생의 스페셜 가이드
오늘날 인도를 만든 역사 속 나라들 ... 30

3일 자이푸르

나선애, 자이푸르에서 먹은 라씨의 맛은? ... 33

용선생의 스페셜 가이드
인도 한 바퀴 돌아보기! ... 40

4일 자이살메르

곽두기, 끝없는 사막에서 별을 보다! ... 43

용선생의 스페셜 가이드
인더스 강가에 세워진 인더스 문명 ... 50

5일 콜카타

허영심, 마더 테레사의 집을 찾아가다! ... 53

용선생의 스페셜 가이드
인도는 어떻게 독립을 이뤘을까? ... 60

6일 바라나시

왕수재, 바라나시에서 시타르를 연주하다! ... 63

용선생의 스페셜 가이드
힌두 신 이야기 ... 70

7일 보드가야

장하다, 보리수나무 밑에서 명상하다! 73

용선생의 스페셜 가이드
종교의 천국, 인도 80

8일 다르질링

허영심, 인도 홍차의 맛에 반하다! 83

용선생의 스페셜 가이드
인도 땅은 어떻게 생겼을까? 90

9일 뭄바이

나선애, 인도 영화를 보며 춤을 추다! 93

용선생의 스페셜 가이드
인도 영화 완전 정복! 100

10일 코친

곽두기, 코친에서 향신료의 강한 향기에 놀라다! 103

용선생의 스페셜 가이드
맛과 향이 풍부한 인도 요리 110

퀴즈로 정리하는 인도 114

정답 116

용선생
천재 가이드!
처음 가는 인도 여행,
걱정되니?
이 용선생만
믿고 따라오렴!

나선애
일정짜기의 달인!
이번에도 갈 곳이
너무너무 많아!
다들 부지런히
움직여야 해!

장하다
인도, 하면
당연히 커리지!
맛있다고 소문난 곳은
다 가볼 거야!

허영심
인도가 그렇게
역사가 오래되고
멋진 곳이 많다며?
어떤 곳을 배경 삼아
셀카를 찍어 볼까?

왕수재
멀고 낯선 땅 인도!
하지만 척척박사
왕수재님과 함께라면
어떤 상황이든 문제 없다고!

곽두기
형아, 누나들~
인도의 멋진 풍경은
모두 나에게 맡겨줘!

나도 같이
여행할 거야!
꼭꼭 숨어 있는
나를 찾아봐!

♥ 여행 5일째 콜카타에서

인도 일주 코스를 소개합니다~

아프가니스탄
이란
파키스탄
인더스강
오만
인도양
갠지스
스리랑카

✓ 2일 타지마할 구경하기

4일 자이살메르

3일 자이푸르

1일 뉴델리

2일 아그라

- ✓ 인도 영화 감상하기
- ✓ 세계에서 가장 큰 빨래터 가기

9일 뭄바이

✓ 10일 전통극 까따깔리 관람하기

코친

10일

중국

말레이시아

6일 갠지스강 둘러보기

8일 다르질링 홍차 마셔보기

히말라야산맥

8일 다르질링
7일 보드가야
6일 바라나시
5일 콜카타

방글라데시
미얀마
라오스
태국
말레이시아

- 트램을 타고 시내 구경하기
- 마더 테레사의 집 찾아가기
- 콜카타 명물 해물 커리 먹기

나선애의 간단 정리!

나라 이름: 인도 공화국(Republic of India)
면적: 약 329만 제곱킬로미터(한반도의 약 15배)
인구: 약 14억 6,400만 명(2025년 기준)   수도: 뉴델리(New Delhi)

인도는 힌디어와 영어를 공용어로 써. 힌디어로 '안녕하세요'는 नमस्ते। (나마스떼.)

토막 회화 한마디!

아, 그리고 영어로 상대방의 이름이 궁금할 땐 'What's your good name?' 이라고 말하면 된대!

장하다, 델리에서 소똥을 밟다!

뉴델리(델리)

인디아 게이트 ▸ 꾸뜹 미나르 ▸ 붉은 성 ▸ 찬드니 촉

📍 인도의 수도 뉴델리

"얘들아, 짐 잘 챙겼지? 곧 뉴델리에 도착한다!"

선생님 말씀에 잠이 확 깼어. 드디어 인도의 수도 뉴델리에 도착하다니!

크게 기지개를 켜며 창밖을 보니 낯선 풍경이 펼쳐졌어.

마치 성냥갑처럼 틈 없이 다닥다닥 붙은 모랫빛 건물들이 인상적이었지.

좋아, 드디어 인도에 왔구나! 이번 여행도 정말 기대돼!

델리에는 얼마나 많은 사람이 사나요?
▶ 델리에는 약 1,800만 명이 살아. 약 천만 명인 서울 인구보다 많지!

뉴델리의 상징 **인디아 게이트**

이동하면서 선생님께서 델리가 어떤 곳인지 설명해 주셨어.
델리는 교통이 편리해서 아주 오래전부터 인도 여러 나라의 중심지였대.
"델리는 역사가 아주 오래된 '올드 델리'와 비교적 최근에 만들어진 '뉴델리'로 나뉜단다."
아하, 그렇구나~ 두 델리 중에 뉴델리가 인도의 수도인 거군!
델리에 도착하자마자, 제일 먼저 본 건 커다란 문이었어. 이건 뭘까?

인디아 게이트
인디아 게이트는 제1차 세계 대전에서 전사한 인도 군인의 넋을 기리기 위해 세운 탑이야. 인디아 게이트 근처에는 국가의 업무를 보는 관청들이 모여 있어서, 인도의 핵심인 곳이란다.

짜잔~ 여기가 바로 델리다!

이 커다란 문은 뭐람?

저건 인디아 게이트야. 델리의 상징이래.

에헴, 저 문은 말이지……

너무 커서 다 안 나와!

형! 조심해!

올드 델리랑 뉴델리는 뭐가 다른데요?
▶ 올드 델리는 오랫동안 '델리'라 불리던 곳이야. 오랜 역사를 간직한 문화유산이 많지. 반면 뉴델리는 비교적 최근에 만들어진 계획도시로, 높은 빌딩 같은 현대식 건물이 많아.

이슬람교 경전이 새겨진 탑 꾸뜹 미나르

우리는 아주 오래되어 보이는 건물 앞에 멈췄어. 여기가 어디람?
"얘들아, '꾸뜹 미나르'에 도착했다. 먼 옛날 델리를 다스린 왕이 세운 기념탑이지."
안으로 들어가니 낮은 건물들 속 혼자 불쑥 솟은 붉은 탑이 보였어. 히익, 정말 높다!
가까이 가서 보니 탑에는 고풍스러운 글자가 한가득 새겨져 있었어. 선생님 말씀으로는 이슬람 경전 '쿠란'을 새겨 놓은 거라는데, 난 뭔지 하나도 모르겠더라고. 헤헤.

탑에 빼곡하게 새겨진 '쿠란' 구절

- 으윽, 너무 올려다봤더니 뒷목이!
- 유네스코 세계 문화유산으로 지정된 인도 최대의 탑이라고!
- 안에는 못 올라간다니 천만다행이야….
- 층별로 색도, 느낌도 다르네.
- 3층까지는 붉은 사암, 4~5층은 사암과 대리석으로 지어졌거든.
- 저 탑 위에 올라가면 라푼젤이 된 기분일 거야.

 꾸뜹 미나르는 누가, 왜 세운 거예요?

▶ 오래전 델리를 점령한 이슬람교도 왕이 세웠어. 힌두교 왕조를 멸망시킨 이슬람교의 힘을 과시하기 위해 세워졌지. 탑 높이만 무려 72.5미터나 된다는구나!

꾸뜹 미나르에는 볼거리가 아주 많았어.
우린 붉은 벽돌과 흰 벽돌을 겹겹이 쌓은
호화스런 무덤을 보고, 아름다운 장식으로 꾸며진 건물 안에도 들어가 보았어.
화려하게 장식된 기둥은 무려 수십 개가 넘었지!
"이 철기둥 좀 보렴. 꾸뜹 미나르에서 아주 유명한 기둥이란다."
알고 보니, 이 기둥은 만들어진 지 1,500년이 넘었는데도 녹슨 부분이 하나도 없다지 뭐야? 우아, 정말 대단해!

황제가 살았던 붉은 성

이곳은 붉은 성! 이름처럼 온통 붉은 벽돌로 지어진 성이야!
크기도 엄청나서 성문을 보자마자 감탄이 절로 나왔어.
"역시 황제가 살던 곳이라 규모가 다르네!"
성 안에는 역사가 오래된 건물이 많았어.
옛날에 인도를 다스리던 황제가 살면서
나랏일을 돌보던 곳이라 그렇다고 하더라.
반짝반짝 빛나는 보석을 파는 시장도 있었지.
음, 배고픈데 맛있는 걸 파는 곳은 없나?

성 안에 볼거리가 엄청 많아!

모티 마스지드

모티 마스지드
황제가 예배를 드리던 이슬람교 사원이야.

찻타 촉
성에 살던 왕족을 위해 보석 같은 고급 제품을 팔던 시장이야.

붉은 성은 얼마나 큰 성이에요?
▶ 길이는 대략 900미터고 너비는 550미터 정도 돼. 성벽의 전체 길이는 2.5킬로미터나 되지.

 붉은 성은 누가, 언제 지었나요? ▶ 붉은 성은 무굴 제국의 황제 샤자한이 1639년에 짓기 시작해서 1648년에 완공되었어.

오랜 역사를 자랑하는 전통 시장

저녁을 먹으러 델리에서 가장 큰 전통 시장에 왔어! 그런데 좁은 골목 사이에 온갖 탈것과 사람들이 어찌나 많은지~ 휴, 제대로 저녁을 먹을 수는 있을까?

"으악! 선생님, 왜 길에 소가 돌아다녀요?"

깜짝이야! 웬 소떼가 길 한가운데 엎드려 있담?

"인도 사람들은 소를 신성하게 여겨서, 소가 길을 막아도 쫓아내지 않는단다."

근데, 어디서 이상한 냄새가 나는데…….

악! 소똥을 밟았잖아!

사람들로 붐비는 찬드니 촉

여기 있는 거 전부 내 스타일이야!

식당을 향해 앞으로!

여긴 왜 이렇게 복잡해요?

▶ 역사가 오래된 시장이라 그래. 복잡하긴 해도 수백 년이나 되는 가게를 둘러보는 재미가 있지.

급한 대로 시장에서 신발을 새로 샀어. 아껴둔 돈이었는데, 흑흑!
선생님을 따라 시장 곳곳을 둘러보았어. 왜 사람이 많은가 했더니,
여기에서도 온갖 물건을 팔고 있던 거 있지!

"얘들아~ 나 잠깐 여기 들렀다 가면 안 돼?"

영심이가 예쁜 팔찌를 사겠다고 자꾸 이 가게 저 가게 들어가지 뭐야?
그런 건 밥 먹고 해도 되잖아?

앗, 저기 식당이 보인다! 그럼 우리는 이제 밥 먹으러 갈게~

 용선생의 스페셜 가이드

인도 집중 탐구

인도 여행 첫날! 여행은 어땠니?
아이들이 인도에 대해 궁금한 것들이 많다고 해서
선생님이 궁금증을 풀어주는 시간을 마련했어.
혹시 너희도 궁금한 게 있니? 언제든 이 용선생에게 물어보렴~

 인도는 어디에 있나요?

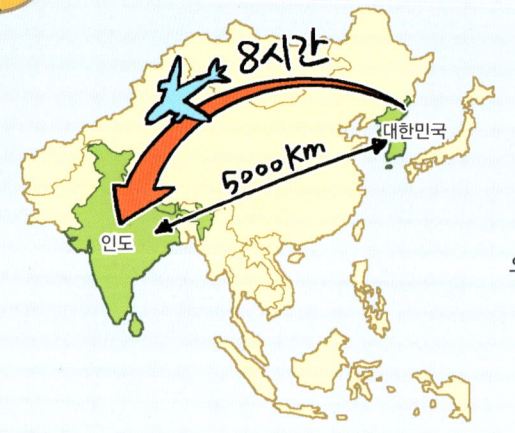

인도는 **남부아시아**에 있어.
바다를 끼고 왼쪽으로는 서아시아,
오른쪽으로는 동남아시아가 있지.
우리나라로부터는 약 5,000킬로미터 정도
떨어져 있는데, 비행기로 인도 수도인
뉴델리까지는 약 8시간 정도 걸려.

 인도는 얼마나 큰가요?

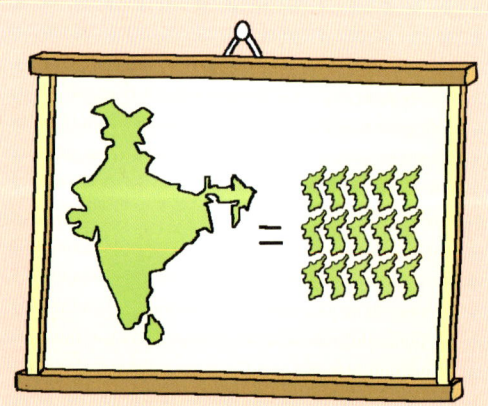

인도는 **세계에서 일곱 번째로
넓은 나라**야. 우리나라가 있는
한반도보다 약 15배 정도 넓어.
땅이 넓은 만큼 인구도 많아!
인구가 약 15억 명인데,
세계에서 가장 인구가 많지.

인도에는 어떤 민족이 살아요?

인도에는 **다양한 인종과 민족**이 살고 있단다. 대부분 가무잡잡한 피부를 가지고 있지만, 북서부 지역에는 대체로 피부가 흰 사람도 많아. 남쪽으로 내려가면 가무잡잡하면서도 코가 높지 않은 사람이, 중국, 네팔과 접한 국경 지대에는 우리와 생김새가 비슷한 사람들이 많지.

인도는 일 년 내내 덥기만 해요?

땅이 워낙 넓어서 **기후가 다양해**. 남부 지역은 대체로 무덥지만 북동쪽의 히말라야산맥 기슭에 있는 도시들은 겨울이 되면 영하 20도를 넘나들기도 하지. 건기와 우기가 뚜렷해서 여름에는 비가 많이 내리고 겨울은 건조한 편이야. 여름철에는 '사이클론'이라는 태풍이 불기도 해.

인도의 자랑거리는 뭔가요?

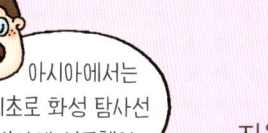

아시아에서는 최초로 화성 탐사선 발사에 성공했어.

인도는 국내 총생산(GDP)이 세계 5위인 경제 대국이야. 자원과 노동력이 매우 풍부하거든. 특히 인도는 첨단 산업이 발달했어. 세계 주요 IT 기업의 프로그램을 만들 뿐 아니라, 매해 수십만 명의 컴퓨터 엔지니어가 쏟아져 나오지. 항공 우주 산업도 발달해서 세계에서 네 번째로 화성에 탐사선을 보내는 데 성공하기도 했단다.

스티커 붙이기

수재가 붉은 성에서 멋진 선글라스를 잃어버렸대.
수재의 말을 듣고 갔던 장소를 순서대로 따라가며
각 장소에 알맞은 스티커를 붙여줄래? 그럼 찾을 수 있을 거야!

처음엔 당연히 붉은색으로 된 멋진 문으로 들어갔지.

그리고 다양한 물건을 파는 시장을 지났어.

그 다음은 이슬람교 사원으로 갔어.

그리고 황제가 나랏일을 돌보았다는 건물에 갔는데 이름을 잊었네?

마지막으로 간 곳은 황제의 생활 공간이었어. 나도 그곳에서 살고 싶었지.

2일

왕수재, 타지마할의 아름다움에 반하다!

아그라

타지마할 ▶ 아그라성 ▶ 파테뿌르 시크리

왕비의 거대한 무덤 **타지마할**

새벽 일찍 버스를 타고 아그라에 왔어. 아그라는 한때 인도를 수백 년간 다스렸던 무굴 제국의 수도였던 곳이야. 이곳에 바로 그 유명한 타지마할이 있대! 타지마할은 인도의 황후였던 '뭄타즈 마할'의 무덤인데, 황후의 죽음을 슬퍼한 황제가 엄청난 돈을 들여 만들었지.
"어…. 저게 궁전이 아니라 무덤이라고요?"
장하다가 얼떨떨한 표정을 지었어.
하긴, 나도 맨 처음엔 궁전인 줄 알았다니까!

**뭄타즈 마할
(1593년~1631년)**

"꺄악! 너무 아름다워요~"

영심이랑 선애가 들어가자마자 호들갑을 떨었어.

나도 타지마할의 아름다움에 입을 다물지 못했지.

타지마할은 정원에 길게 난 분수대를 기준으로 완벽하게 좌우가 똑같았어.

무덤은 온통 하얗고 매끄러운 돌로 지어졌는데, 온통 섬세하고 아름다운 장식들로 가득했지. 이렇게 아름다운 건물을 내 눈으로 보게 되다니, 정말 꿈만 같아!

 이렇게 호화롭고 멋진 건물이면 짓는 데 오래 걸렸겠죠?

▶ 응. 타지마할을 만드는 데만 무려 22년이 걸렸어. 그리고 이때 공사에 동원된 사람들만 해도 2만 명이 넘었지.

무굴 제국 황제가 살던 아그라성

이곳은 아그라성이야!

아그라성은 무굴 제국의 궁궐로 쓰였던 곳이래. 성은 엄청나게 널찍했어.

고개를 끝까지 돌려도 성벽이 계속 이어지는 거 있지?

"히익, 이거 오늘 안에 다 볼 수 있어요? 너무 넓어요."

선생님은 우리를 살살 달래며 성 안쪽으로 데리고 가셨어.

지도를 보니 성 안에 볼 게 무척이나 많던데, 어떤 것들이 있을까?

음~ 예쁜 정원이다아~

앙구리 박
아그라성 안에 있는 포도나무 정원

샤자한은 왜 성에 갇혔나요?

▶ 샤자한의 아들이 성에 가두었어. 아버지인 샤자한이 타지마할을 짓는 데 많은 돈을 사용하며 나랏돈을 낭비한다는 이유였지.

성 안에는 화려한 건물이 많았어. 특히 황제가 아들을 위해 지었다는 궁전과 황제가 거닐었다는 아름다운 정원이 인상적이었지.
"이곳은 '무삼만 버즈'야. 포로의 탑이란 뜻이지. 여기엔 아주 슬픈 이야기가 있단다."
알고 보니 무삼만 버즈는 타지마할을 지었던 황제 샤자한이 말년에 갇힌 탑이래.
샤자한은 이곳에서 타지마할을 보며 아내를 평생 그리워했다고 하더라.

샤자한
(1592년~1666년)

무삼만 버즈
샤자한 황제가 갇혀 있던 탑

저기 타지마할이 보인다!

자한기르 궁전
아크바르 황제가 아들을 위해 지은 궁전

우와~
우리 아빤 나한테 이런 궁전 안 지어 주나?

아이고, 요놈들 벌써 다 사라졌네. 수재야~! 두기야~!

아휴, 얘네 먼저 들어갔나 봐요!

안에 들어가면 만나겠지 뭐~

아크바르 대제가 지은 파테뿌르 시크리

아그라에서 한 시간 정도 떨어진 '파테뿌르 시크리'에 왔어.

이곳은 '아크바르 대제*'가 건설한 도시래. 그런데 아크바르 대제가 누구지?

* '황제'를 높여 이르는 말

"아크바르 대제는 무굴 제국의 전성기를 이끈 황제란다. 밖으로는 영토를 넓히고 안으로는 종교가 다른 사람들에게도 관용을 베풀었지."

무굴 제국은 아크바르 대제 때 전성기를 누렸대. 그만큼 대단한 황제니까 이런 커다란 도시를 지을 수 있었겠지?

아크바르 대제
(1542년~1605년)

위대한 황제가 만든 도시답게 건물들이 엄청 웅장했어.

우리는 커다란 모스크에 들어가 기도를 올리는 사람들을 보기도 하고,

군인들이 올라가 주변을 감시하던 파수대*도 봤어.

*주변을 살피기 위해 지은 높은 건물

이곳에서 아크바르 대제가 나랏일을 돌보았다는 거지?

"큭큭, 저 탑 꼭 파인애플처럼 생겼다."

역시 장하다는 모든 걸 먹는 것과 연관시켜 생각하는구나. 에휴~

 파테뿌르 시크리에도 사람이 많이 살았나요?

▶ 아니, 이 도시는 강과 멀리 떨어져 있어서 필요한 물을 얻기가 굉장히 어려웠어. 아크바르 대제 때 잠시 수도 노릇을 했지만 곧 버려진 도시가 되었지.

용선생의 스페셜 가이드

오늘날 인도를 만든 역사 속 나라들

인도는 세계에서 일곱 번째로 영토가 넓은 나라야.
이 드넓은 땅에는 수천 년간 수많은 왕국이 생겼다가 사라졌지.
그중에서도 마우리아 왕조, 굽타 왕조, 무굴 제국은
오늘날 인도의 뿌리를 형성한 중요한 나라란다.
지금부터 세 나라를 간략히 살펴보자!

인도를 통일한 마우리아 왕조 (기원전 321년 ~ 기원전 185년)

마우리아 왕조는 기원전 321년부터 기원전 185년까지 인도를 다스린 나라야. 마우리아 왕조의 세 번째 왕 **아소카**는 인도 곳곳에 있던 여러 왕국을 정복하고, 인도 역사 최초로 남부와 북부를 아우르는 통일 국가를 세웠지. 독실한 불교 신자였던 아소카는 인도 곳곳에 사원과 돌기둥을 세웠고, 아시아 전역으로 불교가 퍼져 나가는 데에 기여했단다.

하하, 이 넓은 땅을 내가 다 정복했지!

→ 아소카왕

마우리아 왕조

아소카왕이 인도 곳곳에 세운 돌기둥 꼭대기에 있는 사자상이야. 바퀴 문양은 불교의 가르침을 의미해. 이 문양은 인도 국기에도 들어가 있지.

인도 문화의 황금기를 이끈 굽타 왕조 (320년 ~ 550년)

오늘날 인도 사람들이 많이 믿는 힌두교는 아주 오랜 역사를 가진 종교야. 힌두교는 굽타 왕조 때 오늘날과 같은 모습을 갖추게 되었지. 굽타 왕조는 오늘날 인도 문화에 영향을 크게 미친 나라란다. 수학, 천문학, 문학 등 각종 학문도 크게 발전했지. 오늘날 전 세계에서 사용하는 숫자 '0'과 아라비아 숫자도 바로 굽타 왕조 때 만들어진 거야.

이슬람 문화를 꽃피운 무굴 제국 (1526년 ~ 1857년)

이슬람 세력은 1200년 무렵부터 인도 일부를 점령하여 힘을 키웠어. 그 후 여러 이슬람 왕조가 세워졌다 사라졌지. 그러다 1526년 무굴 제국이 인도 땅에 들어섰어. 무굴 제국은 마우리아 왕조 이후 가장 넓은 영토를 지배했지. 무굴 제국의 세 번째 왕 **아크바르 대제**는 힌두교와 이슬람교도를 평등하게 대하며 제국의 전성기를 이끌었어. 무굴 제국은 크게 번영하며 **'타지마할'** 등 인도를 대표하는 여러 문화유산을 남겼지.

아크바르의 묘
아크바르의 묘는 이슬람교, 힌두교, 크리스트교, 자이나교 등 다양한 종교 건축 양식이 섞여 있어. 모든 종교에 관용적이었던 아크바르의 사상이 담겨 있지.

미로 찾기

수재가 파테뿌르 시크리에서 그만 길을 잃고 말았어.
용선생과 친구들이 있는 곳까지 함께 가줄래?

나선애, 자이푸르에서 먹은 라씨의 맛은?

핑크 시티 입구 ▸ 시티 팰리스 ▸ 하와 마할 ▸ 라씨왈라

인도에서 맞는 세 번째 날! 기차를 타고 자이푸르에 가려고 해.

자이푸르는 한때 자이푸르 왕국의 수도로 번영했던 도시라 볼거리가 많대.

게다가 지금은 도로와 철도가 잘 갖춰진 교통의 중심지!

기차에 타자마자 서둘러 자리를 찾았어. 하지만 안은 승객들로 매우 혼잡했지.

"아니, 여기가 제 자리라니까요!"

"그럴 리가! 분명 내가 예약했는데!"

겨우겨우 자리를 잡았지만, 자리가 좁고 시끄러워서 정신을 차릴 수가 없었어.

조금은 불편하지만 어쩌겠어. 이것도 여행의 낭만인걸!

기차에 사람이 왜 이렇게 많아요?

▶ 기차는 인도 사람들이 가장 많이 이용하는 교통수단이야. 철도가 사방팔방 뻗어 있어서 어지간한 도시는 다 기차로 갈 수 있거든. 그래서 기차를 타는 승객만 1년에 69억 명이래!

자이푸르의 명소 **핑크 시티**

선생님이 깨우는 소리에 눈을 떴어. 드디어 자이푸르에 도착했나 봐!
역을 빠져나온 지 얼마 지나지 않아 커다란 문이 모습을 드러냈지.
흐음, 여기엔 뭐가 있을까?
"이곳은 자이푸르에서 '핑크 시티'라고 불리는 곳이야. 옛날에 이곳을 다스리던 왕이 온통 벽을 분홍색으로 칠했단다."
아하, 그렇구나! 얼른 들어가 봐야지!

 왜 이곳을 분홍색으로 칠했나요?

▶ 1900년대 초 영국의 왕세자가 자이푸르를 방문했을 때, 자이푸르를 다스리던 왕이 분홍색으로 온 도시를 칠했거든. 분홍색은 인도에서 '환영'의 뜻을 담고 있단다.

자이푸르 왕의 거처 시티 팰리스

핑크 시티에 들어오니 커다란 궁전이 보였어. 선생님, 이 궁전은 뭐예요?
"자이푸르를 건설한 왕이 살던 궁전이야. 이름은 시티 팰리스!
지금도 왕의 후손들이 이곳에 살고 있단다."
그 이유 때문인지 후손들이 사는 곳은 입장이 금지되어 있대.
우리는 선생님을 따라 궁전 이곳저곳을 구경했어. 자이푸르를 다스리던 왕이
지냈다는 보석 방이 가장 인상 깊었지.

온갖 보석으로 호화롭게 꾸며진 보석 방

여긴 달빛 궁전이라고도 불린대~ 밤에 오면 더 멋있나 봐!

여기 왕족이 살고 있다고? 왕자님~잉

쉿! 조용히 해!

우와아~ 정말 멋진 궁전이네~잉

여기에는 아직 사람이 사니까 너무 시끄럽게 굴면 안 된단다.

"선생님, 여기에 커다란 항아리가 있어요!"

두기 말대로 건물 한가운데 항아리가 하나 놓여 있었어. 웬 항아리지?

선생님은 항아리를 이리저리 보시더니, 은으로 만든 항아리라고 하셨어.

은으로 만든 항아리 중에 세계에서 가장 큰 물건인데,

자이푸르 왕이 사용하던 거래.

세계에서 가장 큰 은 항아리

 항아리는 무슨 용도로 쓰였나요?

▶ 자이푸르의 왕이 영국을 방문할 때 갠지스 강물을 항아리에 담아 갔어. 당시 인도 왕족들은 바다를 건너 다른 나라로 가면 왕족의 신성함을 잃는다고 생각했거든. 인도 사람들이 숭배하는 갠지스 강물을 떠 가면 그런 일이 없을 거라 믿었던 거지.

37

궁녀의 집 하와 마할

시티 팰리스 구경을 마치고 하와 마할에 왔어. '바람의 궁전'이란 별명으로 유명하대. 창문이 엄청나게 많았는데, 아름답게 조각된 창살이 아주 촘촘하게 들어차 있었지. 끄응~ 뭐가 이렇게 작지? 밖으로 뭐가 보이긴 하나?

"여긴 궁녀들이 살던 곳이야. 외출이 금지되어 있어서 이 자그마한 창문 사이로 겨우 세상을 볼 수 있었지."

아름다운 창문이라고만 생각했는데, 이런 서글픈 이야기가 숨어 있을 줄이야!

> 온 시내가 다 보여~!

> 궁녀들이 갇혀 살던 곳이라니 어쩐지 슬픈걸?

> 얘들아~! 나 보이니?

> 그런데 왜 여기가 바람의 궁전이야?

> 바람이 잘 통하는 격자 문양 창문이 많아서래.

📍 인도의 국민 음료 라씨

더운 날씨에 돌아다니다 보니 땀이 주륵주륵 흘렀어.
물도 다 마셔서 목이 엄청 말랐지.
"이렇게 더운 날엔 라씨가 최고란다. 한번 먹으러 가볼까?"
라씨는 인도 전통 음료인데, 물소 우유로 만드는 요거트래.
가게에 가니 인상 좋게 생긴 아저씨가 흙으로 만든 컵에 걸쭉한 음료를 담아줬지.
꿀꺽, 고소하면서도 새콤달콤해~ 너무 맛있어!

라씨

 왜 흙으로 만든 잔을 깨뜨려서 버리나요?

▶ 인도에서 흙으로 만든 컵은 종이컵보다 저렴하거든. 깨뜨려서 버려도 다시 흙으로 돌아가니 친환경이기도 하지.

용선생의 스페셜 가이드

인도 한 바퀴 돌아보기!

엄청나게 넓고 사람도 많은 나라 인도!
열흘의 일정만으로는 둘러보지 못할 만큼 아름답고
볼거리가 넘치는 곳이 많아.
인도에 오기 전에 아이들이 각자 가고 싶은 곳을
조사했는데, 과연 어떤 곳들인지 살짝 엿보도록 할까?

요가의 고향, 리쉬께시

리쉬께시는 **힌두교의 성지**야.
힌두교도가 신성하게 여기는 갠지스강이 처음으로 지나는 곳이거든. 그 덕분인지 명상을 하거나 요가를 하는 수행자들을 흔하게 볼 수 있지. 영국의 전설적인 록밴드 '비틀스'가 요가를 배운 곳으로도 유명해.

인도 사람들의 휴양지, 고아

고아는 **인도 남서부에 있는 휴양지**야.
1500년대부터 포르투갈의 식민지였는데, 그 영향으로 가톨릭교를 믿는 사람이 많대. 유럽식으로 지어진 건물과 광활한 해변이 아주 그림 같이 멋지다고 하더라!

황금 사원이 있는 암리차르

인도 북쪽 펀자브 지방에 있는 도시야. **'시크교'라는 종교를 믿는 사람들이 많이 살고 있지.** 암리차르의 볼거리는 바로 시크교도가 세운 황금 사원! 사원 지붕을 400킬로그램의 황금으로 덧씌워서 그런 별명이 붙었대. 반짝반짝한 금빛에 자칫 눈이 멀어버릴지도 몰라!

동굴 안에 사원이? 아잔타와 엘로라

아잔타는 **동굴 속에 사원**이 있는 걸로 유명해. 특히 수많은 벽화와 조각이 엄청난 볼거리지. 어두컴컴한 동굴 속에 모셔진 불상들을 보면 절로 감탄이 나온대! 아잔타 근처엔 엘로라란 곳이 있는데, 이곳에도 동굴 사원이 무척이나 많아. 힌두교, 자이나교 등 여러 종교의 사원을 볼 수 있다지?

간디의 발자취를 느낄 수 있는 아메다바드

인도 북서쪽 구자라트에 있는 도시야. 아메다바드는 **인도 독립의 아버지 '마하트마 간디'가 오랫동안 머물며 독립운동을 이끈 곳**으로 유명해. 여기서 간디가 생전에 쓰던 물건과 찍은 사진들을 볼 수 있대.

다른 그림 찾기

용선생과 아이들이 멋진 기념사진을 찍었어.
근데 사진에 달라진 부분이 있네?
모두 여덟 군데가 다르다는데, 같이 찾아볼까?

깍두기,
끝없는 사막에서 별을 보다!

자이살메르성 › 하벨리 › 가디 사가르 › 타르 사막

황궁 도시라 불리는 사막 도시 **자이살메르**

방금 **자이살메르**란 도시에 도착했어. 강한 햇살이 계속 내리쬐는 바람에 가방 속에 챙겨 놓았던 선블록을 급하게 발라야 했지.

"자이살메르는 금빛 **사막 위에 세워진 도시**야.

옛날에는 중앙아시아와 유럽을 잇는 교역* 도시였단다."

* 나라와 나라 사이에서 물건을 사고팔아 서로 바꾸는 것

와아, 어쩐지 덥더라~

그나저나 인도에 사막이 있다니, 정말 신기해!

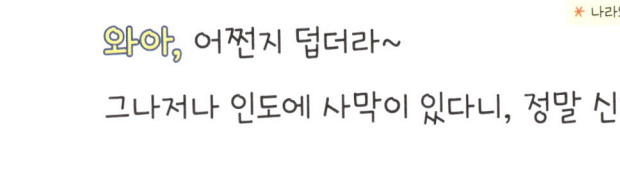

자이살메르는 얼마나 더워요?

▶ 평균 최고 기온이 약 30도쯤 돼. 한창 더운 4~6월에는 50도 가까이 치솟아. 하지만 겨울철 저녁에는 매우 추워서, 5도까지 기온이 확 내려가기도 한단다.

선생님 말씀을 들으며 성 안으로 들어왔어.
이 성은 세워진 지 900년이 다 되어 가는데, 아직까지도 사람이 살고 있대!
"와~ 저기 벽에 걸어놓은 천 너~~~무 예쁘다!"
"킁킁. 이 냄새는 틀림없이 먹을 거다!"
좁고 구불구불한 골목에는 예쁜 물건을 파는 상점과 맛있는 냄새를 풍기는 식당이 많았어. 오랫동안 기차를 타고 와서 배도 고픈데, 하다 형이랑 맛있는 거 사먹으러 갈까?

 부자들의 대저택 하벨리

점심을 먹고 '하벨리'를 구경하기로 했어. 하벨리는 인도에서 전통 방식으로 지은 고급 대저택을 가리키는 말이야. 무역 도시였던 자이살메르에는 무역으로 부자가 된 사람들이 지은 멋진 하벨리가 많대.

우아, 정말 으리으리하다!

"귀족들과 부자들이 살던 저택들이야. 궁전만큼 화려하지?"

선생님 말씀에 우리는 계속 고개를 끄덕였어. 셀 수 없이 많은 기둥과 정교한 문양이 새겨진 창문이 눈을 확~ 사로잡더라고! 특히 올록볼록 빵 모양을 한 높은 집이 기억에 남았지.

맨 꼭대기에 식빵을 얹은 건가? 아, 빵~! 빵 먹고 싶어.

무역 덕분에 부자가 많아서 하벨리도 여러 개가 있어.

우 와아~!

내부도 아주 화려하네~!

빵 모양의 지붕이야!

번쩍 번쩍 눈부신 실내♥

Welcome!

금방이라도 귀족 부인이 창을 열고 나올 것 같아~

하벨리가 저택이라는 뜻이군.

오호...

화려하고 섬세한 창문♥

으리으리한 저택이군!

"호수도 있네요? 아니지, 사막이니까 오아시스인가?"

선애 누나의 말에 선생님은 호호, 웃으시며 오아시스가 아니라 호수라고 하셨어.

이 호수는 '가디 사가르'라고 하는데,

옛날 자이살메르 사람들이 파 놓은 저수지였대.

여기에서 물을 길어다 음식도 만들고 갈증도 채웠던 거라나?

풍당~ 아앗, 누나 형아들! 나 방금 엄청난 물고기를 본 것 같아!

호수 위의 건물은 뭐예요?

▶ 물 위에 서 있는 수상 사원이야. 힌두교의 신 '크리슈나'를 모시던 사원이란다.

자이살메르를 다스리던 왕들의 무덤

"얘들아, 옷 잘 챙겼지? 밤 사막은 추우니까 감기 조심해야 해."
야호~ 신난다! 우린 낙타를 타고 타르 사막으로 가고 있어.
글쎄, 사막에서 보는 밤하늘이 엄청 멋있대! 낙타 등에 올라탔을 땐 생각보다 높아서 무서웠지만 좀 걸으니까 점점 재밌더라고! 낙타를 탄 채 사람들과 사막을 걷고 있자니, 옛날에 이곳을 오가던 상인이 된 기분이었지.
사막 너머로 왕들의 무덤도 보이더라고!

벌써 밤이 되었어! 해가 지자마자 몹시 추워져서 다들 두꺼운 겉옷을 꺼내 입었지.
아까는 그렇게나 덥더니, 사막 날씨는 정말 알 수 없구나~
"선생님~ 밤이 깊었는데 별은 언제 볼 수 있는 거예요?"
하다 형의 투정에 가이드 아저씨가 전기를 모두 내렸어.
그러자 캄캄한 하늘에 하나둘 별이 **반짝반짝** 빛나기 시작했지. **우아!**
하늘을 가득 메운 은하수와 별똥별을 보느라 잠도 잊었어.
맞다, 얼른 소원 빌어야지!

인더스 강가에 세워진 인더스 문명

오늘 둘러본 자이살메르에서 파키스탄 국경을 넘어 서쪽으로 가다 보면, 인도 역사에서 아주 중요한 인더스강이 흐르고 있어. 수천 년 전, 인더스강 주변에서 인류의 4대 문명 하나인 인더스 문명이 생겨났거든! 인더스 문명은 어떤 모습이었을까? 용선생과 함께 알아보자!

인더스 문명의 탄생

인더스강은 히말라야산맥의 눈이 녹아 이루어진 강이란다. 매년 6월이면 인도 대륙의 북쪽에 있는 히말라야산맥에서는 눈이 녹아 흘러내리지. 그러면 인더스강 물이 넘쳐 흐르고, 주변에는 기름진 흙이 강물에 밀려 쌓이게 돼. 사람들은 인더스강 주변 기름진 땅에 농사를 짓기 시작했어. 그리고 점점 더 많은 사람들이 모여 도시를 이루었지. 이렇게 **기원전 3000년 무렵부터 인더스강 유역에서 문명이 꽃피웠단다.**

장인과 상인이 활약한 인더스 도시들

일찍부터 **인더스의 장인들은 뛰어난 솜씨를** 가지고 있었어. 흙으로 토기나 인형을 만드는 기술, 금속을 가공하는 기술이나 예쁜 장신구를 만드는 공예 기술이 매우 훌륭했지. 이렇게 뛰어난 인더스 장인의 물건들은 인기가 좋아서 메소포타미아의 도시들과도 교역을 했단다.

하라파에서 발견된 도기 조각

인더스 문명의 계획도시들

이렇게 **장인과 상인이 벌어들인 부로 여러 도시가 크게 발전**했단다. 인더스 문명의 고대 도시들은 대부분 계획적으로 지어졌어. **하라파, 모헨조다로, 로탈**이 대표적인 도시였지. 모든 길과 건물을 일정한 규격의 돌과 진흙 벽돌을 이용해 바둑판처럼 반듯반듯하게 지었단다. 게다가 집집마다 목욕탕이 있었고, 심지어 도시 한복판에 공중목욕탕도 있었어. 쓰고 버린 물이 흘러가는 하수도 시설까지 있었다니, 정말 대단하지 않니?

모헨조다로의 춤추는 여인 청동상

낙타 찾기

사막에서 쉬고 있는데 낙타 한 마리가 두기의 당근을
와작! 빼앗아 먹고 가버렸지 뭐야?
두기의 설명을 듣고 어떤 낙타가 그랬는지 맞혀 볼래?

힌트
힝, 그 낙타는 빨간색의 보자기를 덮고 있고, 다리에는 마름모 모양의 얼룩이 있었어.

허영심, 마더 테레사의 집을 찾아가다!

콜카타

인도 박물관 ▸ 빅토리아 기념관 ▸ 마더 테레사 하우스 ▸ 비비디 박

 ## 식민지 시절 인도의 수도 **콜카타**

아침 일찍 비행기를 타고 도착한 곳은 바로 **콜카타**! 인도에서 손꼽히는 대도시래.
한때 인도는 영국의 식민지였는데, 그때 수도였던 곳이 콜카타라고 하더라고!
그래서 콜카타에는 영국 수도 런던을 꼭 닮은 곳들이 많다고 해!
땡땡땡- 느릿느릿 도심을 지나는 트램을 타고 본격적인 구경을 시작하기로 했어.
어떤 재밌는 볼거리가 있을까?

콜카타는 어디에 있고, 어떤 도시인가요?

▶ 콜카타는 오늘날 인도 동북부, 서벵갈에 있어. 델리와 뭄바이에 이어 인도에서 세 번째로 큰 도시지. 영국의 식민지였을 때 수도 역할을 했던 곳이자, 독립 운동이 가장 거세게 일어났던 곳이기도 하단다.

5천 년 인도 역사를 담은 인도 박물관

수재가 꼭 가보고 싶다고 선생님을 졸라대서 인도 박물관에 왔어.
"인도는 일찍이 고대 문명이 시작된 곳 중 하나야. 그래서 유물이 엄청나게 많지."
선생님 말씀대로 박물관에는 볼 게 엄청 많았어.
우리는 커다란 동물 뼈와 수많은 화석도 보고, 섬세하게 조각된 나무문도 보았어. 불교 조각과 그림을 한데 모아놓은 전시관도 들렀지.
넓은 전시실을 돌아다니느라 다리는 좀 아프지만 볼 게 많아서 행복해!

아, 이건 말이지~ 2,200년 전에 만들어진 문이라고!

그래서 입구가 어디야?

와아, 이게 뭐야? 사슴인가?

이건 '무스'라는 동물의 뼈란다.

부처님의 생애를 새긴 거래! 메모!

어머~ 너무 예쁘다아!

 인도 역사가 그렇게 오래됐어요?

▶ 그럼~ 인도는 무려 5,000년 전부터 문명이 발전했던 곳이야. 오늘날 세계 종교로 손꼽히는 불교도 인도에서 만들어졌어.

 **영국 식민 지배의 흔적 빅토리아 기념관**

택시를 타고 고풍스러워 보이는 건물 앞에 내렸어. 여긴 '빅토리아 기념관'이래.
콜카타를 대표하는 랜드마크라는데, 그에 걸맞게 기념사진을 찍는 사람이 정말 많았어. 근데 저기 동상이 있는데, 저 사람은 누구지?
"흐흐, 영국 국왕이었던 빅토리아 여왕의 동상이야."
알고 보니까 인도가 식민지였을 때, 영국 국왕이 바로 빅토리아 여왕이었대. 그래서 인도 이곳저곳에 빅토리아 여왕의 이름을 딴 건물이 많다고 하더라.

여기 기념관 안에는 전시실이 25개나 있단다.

히히, 얼른 가 봐요!

헉, 오늘 안에 다 돌아볼 수 있나요?

안녕하세요, 여왕님~

식민지 때의 건물을 그대로 남겨둔 이유라도 있나요?
▶ 인도 사람들은 자신들의 힘으로 영국을 쫓아냈기 때문에, 지배를 받긴 했어도 영국에게 승리했다고 생각해. 그래서 식민지 시절 건물을 그대로 남겨 놓았지.

노벨상을 수상한 마더 테레사

점심을 먹은 뒤 마더 테레사 하우스를 둘러보기로 했어.

"마더 테레사는 가난하고 병든 사람을 돌보는데 평생을 바치신 분이야."

작은 전시실에 들어가니 마더 테레사가 쓰던 손때 묻은 물건과 입던 옷이 전시돼 있었어. 그런데 어찌나 검소한 분인지 물건이 많지 않고 엄청 수수하더라! 선생님 말씀으론 여기서 일반인도 봉사를 할 수 있대.

다음에 오면 꼭 할 거야!

마더 테레사 (1910년~1997년)

 마더 테레사는 어떤 업적을 남겼나요?

▶ 고아들, 병에 걸려 죽어가거나 오갈 데 없는 사람들을 돌보는 '사랑의 수녀회'를 설립하고 평생 선행을 베풀었어. 그래서 1979년 노벨 평화상을 수상하기도 했지.

📍 영국식 건물이 가득한 **비비디 박**

"이야— 여기가 인도예요, 영국이에요?"

이곳은 비비디 박! 비비디 박은 콜카타에서 영국의 흔적이 가장 많이 남아 있는 곳이래.

정말이지 텔레비전에서 보던 런던 거리와 똑같았어.

작은 호수 주변에는 유럽식 건물들이 우아한 모습으로 죽 늘어서 있었지.

빵빵— 앗, 두기야! 사진 찍는다고 한눈팔면 어떡해?

유럽의 성 같은 고등 법원 건물

 거리 이름이 왜 비비디 박이에요? ▶ 인도 독립을 위해 저항했던 세 사람의 이름을 딴 거야. 세 사람의 이름 맨 앞 글자가 각각 B, B, D여서 비비디 박이라 부르지.

콜카타 구경을 마치고 저녁을 먹기로 했어. 이 근처에 맛있는 식당이 있대.

"흐흐, 콜카타가 있는 벵갈 지역은 해물 요리로 아주 유명하단다."

선생님 말씀에 하다 눈이 번쩍 빛났어. 먹고 싶은 걸 고르고 음식을 기다렸지.

근데 이게 뭐야? 밥에 생선이 든 커리가 전부인데. 이게 진짜 유명한 요리야?

좀 실망인걸? 그래도 배고프니까 우선 먹어야지.

우물우물~ 엄청 맛있네?

선생님! 하나 더 시켜주세요!

콜카타의 명물 생선 커리

커리는 어떤 음식이에요?

▶ 커리는 인도 요리의 기본 양념이야. 강황, 후추 등 여러 가지 향신료를 섞어 만들지. 어떤 향신료를 섞냐에 따라 다양한 맛의 커리가 탄생해.

용선생의 스페셜 가이드

인도는 어떻게 독립을 이뤘을까?

인도는 역사가 수천 년에 이르는 나라야. 하지만 1858년부터 1947년까지, 약 100년간 영국의 식민지였지. 그러면 지금부터 인도가 어떻게 식민지가 되었고, 독립을 이뤘는지 차근차근 살펴보도록 할까?

1 유럽에서는 **인도에서 나는 값비싼 향신료**가 인기를 끌었어. 그래서 인도로 가는 뱃길을 개척했고, 향신료 무역으로 떼돈을 벌 수 있게 됐지. 유럽 각국은 앞다투어 인도에 무역 기지를 두고 향신료를 거래했어.

2 인도 무역이 큰돈이 되자, 유럽 각국은 호시탐탐 인도를 꿀꺽 집어삼킬 기회를 노렸어. 마침내 영국이 인도를 다스리던 무굴 제국을 무너트리고, 인도 땅을 식민지로 삼았지.

간디 (1869년~1948년)

3 영국은 독립을 외치는 인도 사람들을 강하게 탄압했어. 하지만 저항은 점점 거세졌지. 인도의 독립운동가 **간디는 비폭력 불복종 운동을 이끌며** 세계적으로 이름을 알렸어.

4 독립을 향한 인도 사람들의 의지는 꺾이지 않았어. 마침내 1947년, 영국은 인도에서 손을 떼기로 했단다. 인도 사람들은 그토록 바라던 독립을 얻었고, 네루가 인도의 첫 번째 총리가 되었지.

자와할랄 네루 (1889년~1964년)

한 나라였던 인도와 파키스탄

 어, 그런데 오늘날 파키스탄이 인도랑 같은 나라였다면서요?

응, 그렇단다. 인도가 독립하는 과정에서 힌두교도와 이슬람교도 사이에 큰 분쟁이 일어났거든. 그래서 독립 후에 이슬람교도들은 인도 북부에 파키스탄이라는 나라를 따로 세웠지. 이후 인도와 파키스탄은 이때의 앙금이 남아 아직도 서로 사이가 좋지 않아.

숨은 인물 찾기

저녁을 먹고 숙소로 돌아가려는데, 거리가 혼잡해서
선생님과 아이들이 흩어지고 말았어!
용선생과 아이들이 어딨는지 찾아줘!

왕수재, 바라나시에서 시타르를 연주하다!

갠지스강 ▶ 두르가 사원 ▶ 바라나시 시장 ▶ 다시 갠지스강으로!

신성한 갠지스강이 흐르는 **바라나시**

인도에서 맞는 여섯 번째 날, 우리는 바라나시에 와 있어. 바라나시는 인도에서 가장 오래된 도시 중 하나이자, 힌두교에서 가장 신성한 도시로 여기는 곳이래.
"저기 보세요! 사람들이 강에서 몸을 씻고 있어요!"
하다가 가리킨 곳을 보니 정말로 사람들이 강에 들어가 몸을 씻고 있었어. 강가 계단에서 기도를 올리는 사람도 있었고, 첨벙첨벙 수영하는 아이들도 보였지. 저 멀리에는 방망이로 옷감을 두들기며 빨래하는 아주머니들도 있었어.
"여기가 바로 갠지스강이야. 인도 사람들이 아주 신성하게 여기는 강이지."
아~ 이게 그 유명한 갠지스강이구나!

> 강가에 계단이 많은데 왜 그런 거예요?
>
> ▶ 강가에 있는 계단을 '가트'라고 해. 바라나시에 온 사람들이 갠지스강에서 쉽고 편하게 몸을 씻거나 강을 구경할 수 있도록 만들었지.

"근데 신성한 강이라기엔 뭐 특별한 게 없는 거 같은데…."
"흐흐, 인도 사람들은 갠지스강이 세상의 모든 더러움을 정화한다고 믿어. 심지어 사람이 지은 죄까지도 말이지."
아하, 그래서 사람들이 이곳에서 목욕도 하고 기도도 드리는 거구나. 인도에서는 1년에 600만 명이 넘는 사람들이 갠지스강을 찾는대! 그럼 어디, 한번 구경이나 할까?

힌두교 사원 두르가 사원

강을 마저 구경하고 '두르가 사원'에 왔어. 힌두교의 신 '두르가'를 모시는 곳이래. 사원은 온통 빨간색으로 칠해져 있었어. 두르가 신이 좋아하는 색이 빨간색이라나? 끽끽대는 소리가 들려서 살펴보니, 원숭이들이 우리를 바라보고 있었어.

"두르가 사원 근처에는 원숭이 떼가 산단다. 장난이 심하니까, 조심하렴."

말이 끝나기 무섭게 원숭이 한 마리가 재빠르게 내 안경을 가로채 갔어.

야! 거기 안 서? 내 안경 얼른 돌려달란 말이야!

힌두교의 신 '두르가'

> **두르가는 어떤 신이에요?**
> ▶ 두르가는 힌두교에서 전쟁의 신으로 여겨져. 팔이 여덟 개인데, 손마다 여러 무기와 함께 연꽃도 들고 있지.

헤나 문신

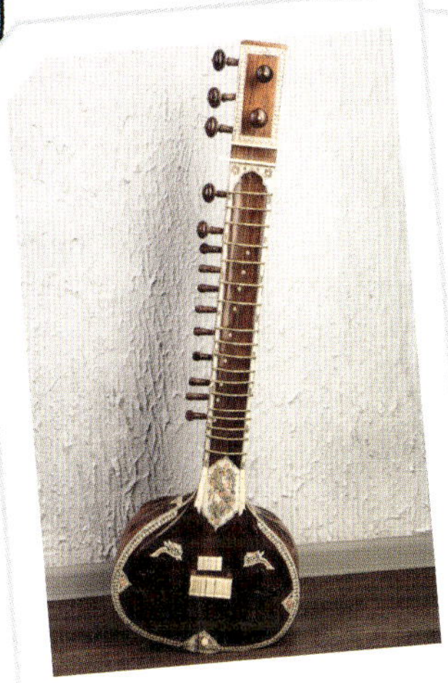

시타르

점심을 먹으러 시장에 왔어!

시장은 물건을 사고파는 상인과 손님들로 시끌시끌했지.

영심이 손에 이끌려 인도의 전통 문신 헤나를 구경하고, 기념품도 샀어.

띠리리리-- 띠리리- 띠리- 앗, 이게 무슨 소리지?

소리를 따라가니 어떤 아저씨들이 기타를 연주하며 노래하고 있었어. 우아!

"인도 전통 악기 시타르야. 기타랑 비슷하게 생겼지?

신비하면서 몽롱한 소리를 낸단다."

그렇구나! 재밌어 보이는데, 인도에 온 김에 배워볼까?

 시타르 연주를 한국에서도 들어볼 수 있나요?

▶ 물론이지. 시타르는 원래 인도 전통 춤의 반주 악기로 쓰이다가, 그 아름다운 소리 때문에 전 세계로 퍼져 나갔어. 그래서 우리나라는 물론 세계적으로도 시타르 연주가 들어간 음악들이 꽤 많단다.

인도에서 시작된 운동법 요가

"아이- 선생님! 인도, 하면 당연히 요가죠!"
영심이랑 선애의 성화에 요가를 배우기로 했어.
여행자를 위한 요가 수업이 있다나?
우리가 도착했을 때는 벌써 많은 사람이 자리를 잡고 명상을 하고 있더라고!
습- 하- 사람들을 따라 숨을 내쉬고 몸을 이리저리 움직여 보았어.
쉬워 보이는 동작도 막상 따라하려니까 어렵더라.
그나저나 나선애! 너만 손이 반대야, 반대!

요가를 배우는 사람들

요가가 인도에서 만들어진 거예요?

▶ 응. 요가는 원래 인도의 전통적인 수행법이야. 힌두교에서도 수행 방법의 하나로 여기지. 그러다가 요가가 건강을 지키는 운동법으로 인기를 끌며 전 세계로 퍼지게 된 거란다.

해가 지자마자 우리는 갠지스강으로 달려갔어.

저녁에 예배가 열리는데, 엄청 멋있대~

서둘렀는데도 이미 강가는 우리처럼 행사를 구경하려는 사람들로 가득했지.

딸랑 딸랑 딸랑~ 종소리가 울리는 걸 보니 곧 시작할 건가 봐!

"와아~ 정말 화려하다! 예배가 아니라 공연 보는 것 같아요."

선애 말대로 예배는 꽤 화려했어. 촛불과 조명이 밤하늘을 붉게 밝히고,

제단에서 피워 올린 연기가 주변을 가득 메웠지.

와, 마치 한 편의 연극을 보는 것 같아!

용선생의 스페셜 가이드

힌두 신 이야기

많은 인도 사람들은 인도에서 탄생한 힌두교를 믿어. 힌두교는 그리스 로마 신화처럼 여러 신들을 섬긴단다. 그래서 저마다 개성이 뚜렷한 수많은 신이 존재하지. 자, 지금부터 힌두교의 신들을 만나볼까?

세 명의 주신

세상을 창조하고, 유지하고, 파괴하는 세 명의 신이야. 창조를 맡은 신은 '브라흐마', 유지를 맡은 신은 '비슈누', 파괴를 맡은 신은 '시바'라 불리지.

시바 | **브라흐마** | **비슈누**

파괴의 신답게 강력한 힘을 가졌어. 시바는 다른 두 주신과 달리 평범한 인간의 모습을 하고 있지. 하지만 눈썹 사이에 숨겨진 또 하나의 눈이 있는데, 이 눈은 세상 모든 걸 파괴할 수 있대!

지금 우리가 사는 **세상을 창조한 신**이야. 주로 4개의 팔과 4개의 얼굴을 한 흰 수염의 노인으로 묘사되지.

브라흐마가 창조한 세상이 잘 돌아가게 **질서를 유지하고 살피는 신**이야. 그래서 힌두교의 신들 중에서 인간과 가장 관계가 가깝고, 재미있는 이야기도 많아.

하늘에서 내려온 신, 아바타

힌두 신화에서는 신이 인간 세계에 내려와 활약하는 이야기가 많아. 하늘에서 내려온 신은 새로운 모습으로 다시 태어나게 되는데, 이걸 '아바타'라고 해. 신의 힘을 가진 아바타는 인간 영웅과 힘을 합쳐 사악한 존재를 무찌르기도 하고, 아름다운 여인과 사랑에 빠지기도 하지. 가장 유명한 게 바로 비슈누의 아바타인 **'크리슈나'**야.

풍요와 행운의 여신, 락슈미

락슈미는 아름다움과 풍요, **행운을 관장하는 여신**이자, 비슈누의 부인이야. 흔히 네 개의 팔을 가진 여성으로, 연꽃 위에 있는 모습으로 묘사돼. 코끼리와 같이 그려지기도 하지.
락슈미는 아이가 없는 집에서 주로 숭배를 받아. 왜냐하면 락슈미는 다산을 상징하는 신이기도 하거든. 매년 가을마다 열리는 **'디왈리' 축제** 때는 집집마다 불을 켜는데, 행운과 다산의 상징 락슈미 여신을 집으로 들이기 위해서래!

동물의 모습을 한 신들도 있다고?!

동물의 모습을 한 신도 있단다. 대지의 보물을 지키는 **'나가'**는 뱀의 모습을, 시바 신의 아들로 지혜를 관장하는 **'가네샤'**는 코끼리의 머리를 하고 있지. 그리고 원숭이의 모습을 한 신도 있어. 바로 **'하누만'**이야. 하누만은 인도 대서사시 〈라마야나〉에 나오는 원숭이 영웅으로, 주인공을 도와 놀라운 활약을 펼친단다. 하누만 이야기는 중국에도 전해져서 소설 《서유기》의 주인공 손오공이 탄생했지.

숨은 물건 찾기

갠지스 강가에서 찍은 사진을 보는데,
사진 속에 전쟁의 신 두르가가 들고 있던 물건이 숨겨져 있다지 뭐야?
함께 찾아보지 않을래?

나는 전쟁의 신 두르가! 무적의 창과 활, 철퇴 그리고 연꽃과 늘 함께해. 아, 화살도 빼먹지 마!

장하다, 보리수나무 밑에서 명상하다!

보드가야 · 마하보디 사원 ▶ 국제 사원 구역

드르렁…

불교 성지 보드가야

방금 **보드가야**에 도착했어.

여기에서 먼 옛날, 부처님이 수행 끝에 진리를 얻었다지 뭐야?

그래서 그런지 도시 한가득 사원 아니면 탑뿐이더라고~

휴, 그래도 밥 먹을 식당 정도는 있겠지?

"보드가야는 작지만, 가장 중요한 불교 성지야. 그래서 수많은 불교도가 이곳을 찾지."

선생님 말씀대로 주변은 우리처럼 보드가야를 찾아온 사람들로 붐볐어.

이야, 많다 많아!

보드가야 말고도 불교도에게 중요한 곳이 있나요?

▶ 세 군데가 더 있단다. 부처님이 태어난 '룸비니'와 처음으로 부처님이 설법을 했다는 '사르나트', 열반에 들었다는 '쿠시나가르' 등이지.

부처님의 보리수나무가 있는 # 마하보디 사원

우린 **마하보디 사원** 곳곳을 구경하기로 했어. 마하보디 사원은 **부처님이 깨달음을 얻은 자리에 세워졌대**. 벽돌로 쌓은 건물들 사이로 멀리서도 **한눈에 보일 만큼 높은 탑**이 위풍당당하게 자리를 지키고 있었어.
놀랍게도 세워진 지 **1,500년이 넘었다지 뭐야?**
헐, 그렇게 오래되어 보이진 않는데.
신기하다!

사원 내부에 있는 불상

탑이 정말 높지?

높이가 약 55미터나 된대요!

스님들이 어디로 가는 거지?

탑 안으로 들어가는 거 같은데?

보드가야 어느 곳에서든 이 탑을 볼 수 있단 말이지~

으윽! 또 허리가..

남은 시간 동안 사원 한 바퀴를 돌아보기로 했어.

우리는 부처님이 일주일 동안 걸었다는 담장도 가보고, 부처님이 일주일 동안 명상을 했다는 연못에도 가보았지.

"우리처럼 부처님도 이 길을 걸었을 거라 생각하니 기분이 묘해요, 헤헤."

맞아! 그냥 사원 한 바퀴를 돌았을 뿐인데, 부처님을 생각하니 나도 모르게 마음이 차분해지는 거 있지?

부처님은 어떤 분이었어요?

▶ 원래 이름은 고타마 싯다르타야. 옛날 인도의 한 왕국의 왕자로 태어났지. 젊은 나이에 왕궁을 떠나 수행에 힘쓰다가 보리수나무 밑에서 깨달음을 얻고 불교를 창시했대. 그 후 많은 이들에게 가르침을 전하며 존경받다가 눈을 감았지.

독특한 모습을 뽐내는
태국 사원

일본 사원의 다이죠코 대불

"한국 절은 어디 있어요?"

"이곳엔 여러 나라의 절들이 한곳에 모여 있단다."

한국 사원(고려사)

태국 사원

부탄 사원

일본 사원

다이죠코 대불

"우와아! 크다!"

📍 여러 나라의 불교 사원이 있는 **국제 사원 구역**

선생님은 마지막으로 국제 사원 구역에 가보자고 하셨어.

세계 각국에서 지은 불교 사원이 모여 있는 곳이래.

"얘들아, 저기 불상 봐봐! 엄청 크다!"

"선생님, 사원 지붕이 반짝거려요. 진짜 황금으로 만들었나 봐요!"

국제 사원 구역에는 우리나라에서 지었다는 절도 있었어.

모든 나라가 똑같은 불교를 믿나요?

▶ 불교는 크게 대승 불교와 상좌부 불교로 나뉘어. 대승 불교는 많은 사람의 구원을 추구하고, 상좌부 불교는 각 개인의 깨달음을 더 중요하게 여기지. 우리나라와 중국은 주로 대승 불교, 동남아시아 국가들은 상좌부 불교가 더 큰 영향을 미쳤단다.

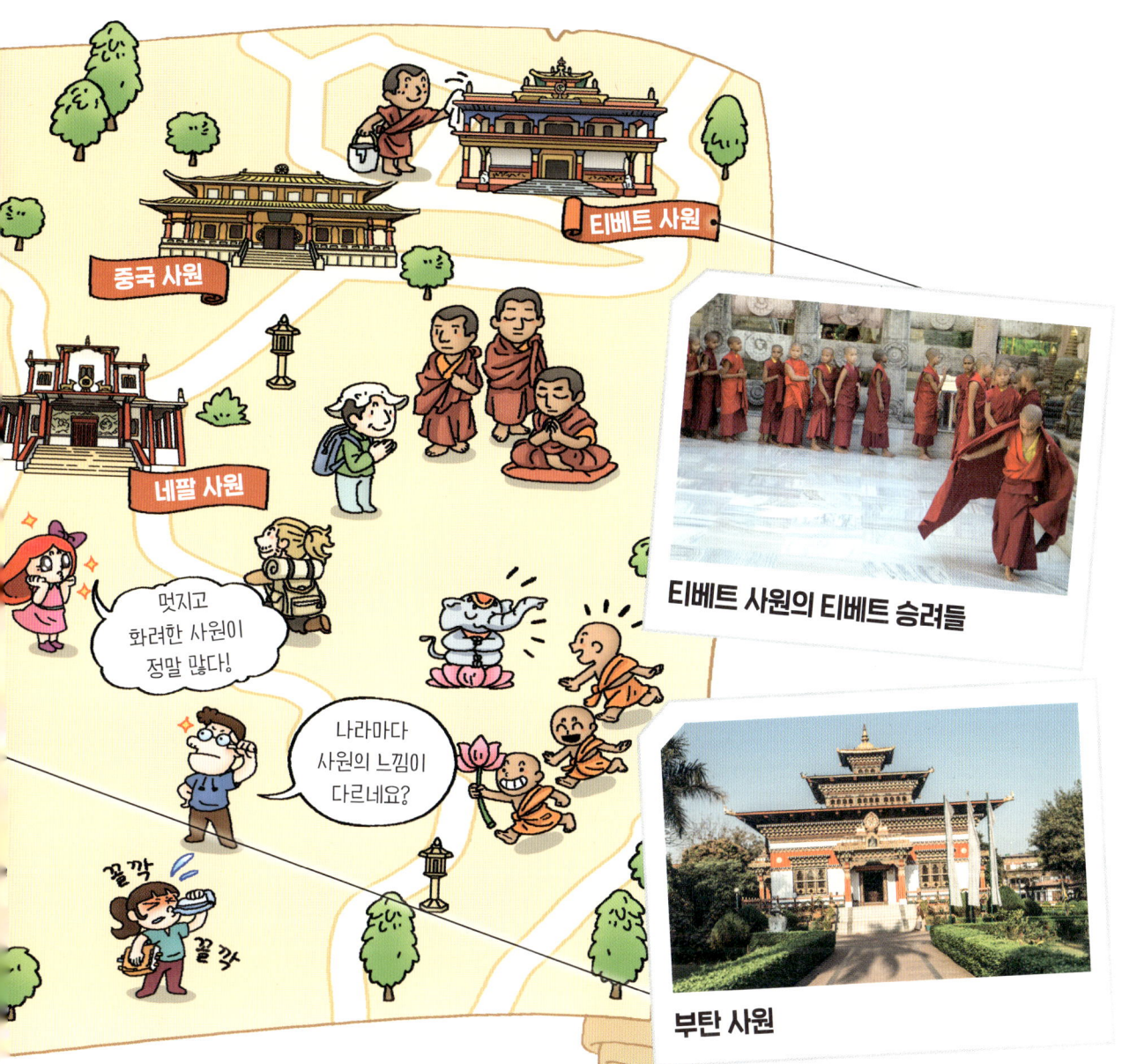

휘황찬란한 다른 사원들과는 달리 수수하더라고. 그 덕분에 나는 모르고 지나칠 뻔했지 뭐람!

그런데 불교는 어떻게 세계 전역에 퍼지게 된 걸까?

"평화와 생명 존중을 중시하는 불교의 가르침은 누구나 이해하기 쉬웠어. 그래서 많은 사람들이 믿고 따르게 된 거란다."

옛날 왕들은 불교를 적극적으로 장려하고 국교*로 삼기도 했다고 해. 백성들이

*나라에서 모든 국민이 따르도록 정한 종교

같은 종교를 믿어서 생각과 마음이 통일되면 나라를 다스리는 데에 도움이 되거든!

용선생의 스페셜 가이드

종교의 천국, 인도

인도는 '사람마다 믿는 신이 다르다'고 할 정도로 다양한 종교가 공존하는 나라야.
힌두교와 이슬람교, 그리고 불교와 기독교, 우리에게는 낯선 자이나교까지!
인도에 어떤 종교들이 있는지 용선생이 소개해 줄게!

힌두교

인도를 대표하는 종교야. **인도 인구의 약 80퍼센트가 바로 힌두교도**지. 힌두교에는 신이 아주 많아서, 각자 마음대로 믿고 싶은 신을 믿어. 심지어는 하느님이나 부처님을 믿는 힌두교도도 있을 정도지.

이슬람교

힌두교 다음으로 믿는 사람이 많은 종교야. 인도 인구의 약 14퍼센트 정도 된대. 이슬람교도는 유일신 '알라'를 절대적으로 믿고 따라. 한꺼번에 여러 신을 모시는 힌두교와는 다르지. **이슬람교는 힌두교만큼이나 인도에 큰 영향을 끼쳤어.** 한때 드넓은 인도 땅을 다스렸던 무굴 제국이 바로 이슬람교를 믿는 나라였거든!

불교

수행 끝에 깨달음을 얻은 부처님의 말씀을 따르는 종교야. 세계적으로 신도가 정말 많지만, **정작 불교가 탄생한 인도에서는 의외로 믿는 사람이 적어.** 불교는 한때 인도에서 왕의 후원을 받고, 수행자를 위한 대학이 세워질 정도로 믿는 사람이 많았어. 하지만 힌두교를 믿는 사람이 점점 늘면서 불교를 믿는 사람이 많이 줄었지.

자이나교

자이나교 역시 인도에서 탄생한 종교야. 힌두교나 이슬람교에 비해 믿는 사람은 적지만, 불교만큼이나 오랜 역사를 가졌지. **자이나교는 남의 목숨을 빼앗는 살생을 엄격히 금지해.** 벌레 한 마리 죽이는 것조차 큰 죄라 생각하지. 그래서 자이나교를 믿는 사람 중엔 상인이 많고 농민이 드물어. 농사를 짓다가 자칫 벌레를 죽일 수도 있거든!

크리스트교

놀랍게도 인도에는 크리스트교를 믿는 사람이 꽤 있어. 무려 2,000만 명이나 되지. **크리스트교도는 인도 남부 고아와 케랄라 지역에 많아.** 고아는 오랜 기간 포르투갈의 식민지였고, 케랄라는 향신료 무역으로 유럽 사람과의 접촉이 잦았거든. 그래서 인도의 크리스트교도 중에선 포르투갈이나 영어식 이름을 가진 사람이 많다고 해.

시크교

시크교는 인도 북부 펀자브에서 탄생한 종교야. 이슬람교와 힌두교 교리를 각각 따와서 만들었다고 해. **시크교도의 상징은 바로 '터번'이야!** 터번은 긴 천을 머리에 감아 만드는 모자 같은 건데 남자 시크교도는 반드시 수염을 기르고 터번을 써야 해. 터번은 시크교도에게는 목숨만큼 소중한 것이라 어디서든 절대 벗으면 안 된대!

미로 찾기

밥을 먹고 식당을 나오는데 아뿔싸!
아이들이 뿔뿔이 흩어졌어! 길을 헤매고 있는
아이들을 찾아 용선생에게 데려다 줘!

허영심, 인도 홍차의 맛에 반하다!

타이거 힐 ▸ 토이 트레인 ▸ 다르질링 차밭 ▸ 초우라스타 광장

히말라야 산맥에 자리한 **다르질링**

이곳은 다르질링! 세계에서 가장 높은 히말라야산맥 줄기에 있는 마을이야.

해돋이를 보러 나왔는데, 새벽이라 그런지 긴 옷을 입었는데도 으슬으슬 춥더라고.

"얘들아, 저기 봐라! 해가 슬슬 뜨고 있어."

선생님이 가리킨 곳을 보니 붉은 해가 빼꼼 고개를 내밀고 있었어.

서서히 밝아지는 하늘 아래 우뚝 솟은 흰 산봉우리들이 하나씩 보이기 시작했지.

눈앞에 펼쳐지는 장대한 풍경에 모두 입이 떡 벌어졌어! 와아, 너무 멋져!

다르질링에서 보이는 산은 무슨 산이에요?

▶ 히말라야산맥에서 세 번째로 높은 산 '칸첸중가'야. 무려 8,586미터나 되지! 날이 아주 맑은 날에는 세계에서 가장 높은 '에베레스트산'도 볼 수 있단다!

다르질링 꼬마 기차

칙칙폭폭- 우리는 기차를 타고 다르질링을 한 바퀴 돌기로 했어.
근데 울퉁불퉁한 산길을 달리는 기차라기에는 너무나도 작은 꼬마 기차였지 뭐야?
꺅, 너무 귀여워~ 열차 바깥에는 파란 하늘과 푸른 산등성이가 끝없이 펼쳐졌어.
아기자기하고 정겨운 느낌이 물씬 나는 시골 마을도 보였지.
"크- 경치 한 번 멋있다! 이게 바로 힐링이지, 힐링!"
흥, 장하다 그런 말 할 거면 손에 쥔 초코바나 내려놓지 그래?

왜 산에 기차가 다니게 된 거예요?
▶ 다르질링의 특산물인 '차'를 운반하기 위해서였어. 수확한 차를 도시로 나르기 위해 산속에 철도가 놓이고 기차가 다니게 된 거지.

세계적인 홍차 산지 다르질링

기차에서 내려 찾아간 곳은 바로 차밭이야! 영국 식민지 시절 영국인들이 다르질링에서 차나무 재배를 시작했대. 그후 계속 발전하여 세계적인 차 산지가 됐다고 해! **다르질링은 품질이 좋은 홍차*가 나기로 이름 높대.**

* 찻잎을 발효시켜 물에 우린, 붉은 색을 띠는 차

"와아, 이게 다 차나무야?"

언덕 끝까지 들어찬 초록빛 물결에 할 말을 잃었어. 정말 멋져! 우린 친절한 가이드 아저씨의 설명을 들으며 차밭을 둘러보았어. 키 작은 차나무 사이로 찻잎을 부지런히 따는 사람들이 보였어. 등에 멘 바구니에는 푸릇푸릇한 찻잎이 한가득 담겨 있었지.

휴, 너무 무겁진 않으실까 걱정되네~

그럼~ 다르질링에서 나는 홍차는 세계 3대 홍차로 손꼽히지.

흐음, 비싼 거라면 어디 한번….

우리나라에서 나는 찻잎과는 품종이 다르다고!

흠, 차밭은 우리나라에도 있는데….

안 돼!

다르질링은 왜 홍차가 잘 나요?

▶ 다르질링은 높은 산에 위치해 있어서 기후가 서늘하고 습해. 참고로 차나무가 자라기에 좋은 조건이야. 그래서 다르질링은 세계적인 홍차 재배지가 되었지. 인도는 세계 최대의 홍차 생산국이래.

우리는 작고 허름한 건물 앞에 멈춰 섰어.

여기서 농장에서 수확한 차를 마실 수 있대.

바깥과 다르게 안은 아늑했어. 아기자기한 소품도 많았지. 완전 내 취향!

조금 기다리니까 아주머니가 김이 모락모락 나는 홍차를 가져다 주셨어.

한 모금 입에 머금으니 쌉쌀하면서도 풋풋한 맛이 나는 게 내 입맛에 딱!

"비싼 거라더니, 풀 맛만 나네. 이게 왜 맛있다고 호들갑이람?"

얘가 뭘 모르네. 이게 얼마나 맛있는데?!

다르질링 홍차 말고도 유명한 홍차 산지가 있나요?

▶ 중국의 키먼, 스리랑카의 우바 지역에서 나는 홍차도 유명해. 이들 홍차는 다르질링 홍차와 함께 세계 3대 홍차로 손꼽혀.

용식당 — 용선생과 함께 하는 맛있는 짜이 만들기

1. 냄비에 물을 끓여요. 물이 끓으면 향신료를 넣고 2~3분 정도 더 끓여주세요.
   - 향신료를 구하기 어려우면 생강이나 시나몬만 넣어도 돼.

2. 짜이용 홍차를 넣고 1~2분 정도 더 끓여요. 마지막에 우유를 넣고 끓어오르면 바로 불을 꺼요.
   - 달달한 짜이를 원한다면 설탕을 듬뿍!

3. 컵에 차 거름망을 얹고 끓인 짜이를 걸러요. (손 조심)

4. 드디어 짜이 완성!
   - 음~ 맛있어.
   - 다음 시간에 또 만나요~

인도식 홍차 짜이

인도 사람들은 영국의 영향을 받아 홍차를 즐겨 마신대. 그런데 인도식 홍차는 좀 독특하다고 해. 어디 한번 먹어볼까?
꿀꺽. 이것도 제법 맛있는걸? 달콤하면서도 독특한 향이 나!
"인도 국민 음료 '짜이'야. 홍차에다가 우유와 향신료, 설탕을 넣어 만들지."
선생님 말씀에 모두 고개를 끄덕거리며 차를 마셨어.
이번엔 하다도 별말 없이 잘 마시네!

짜이

인도 사람들은 짜이를 얼마나 자주 마시나요?
▶ 인도 사람들은 짜이를 매일 즐겨 마셔. 짜이로 하루를 시작하고 짜이로 하루를 끝낼 정도래.

다르질링 최고의 번화가라는 초우라스타 광장에 왔어.

굉장히 작은 광장이었는데, 사람들로 무척 붐볐지. 근데 뭔가 이상한데?

"선생님, 그동안 보았던 인도 사람들과는 좀 다른데요? 쓰는 말도 다른 거 같고…"

선생님은 다르질링 같은 북동쪽 지역에는 주로 네팔인이 산다고 하셨어.

인도는 다민족 국가여서, 지역마다 사람들의 생김새나 쓰는 말이 다른 경우가 많다고 하더라고.

그런 의미에서 선생님! 오늘 저녁은 네팔 음식 어때요? 히히~

왜 다르질링에 네팔 사람들이 많이 살아요?

▶ 인도 북동쪽 끝에 있는 다르질링은 네팔 국경과 가까워. 그래서 옛날부터 많은 왕래가 있었지. 또 인도가 영국의 식민지였을 때, 차밭을 일구기 위해 네팔인들이 대거 넘어오기도 했지. 이들 후손이 대부분 다르질링에 살고 있는 거야.

89

용선생의 스페셜 가이드

인도 땅은 어떻게 생겼을까?

인도는 세계에서 일곱 번째로 땅이 넓은 나라야. 그 덕분에 높은 산맥과 고원, 평원과 사막 등 지형이 매우 다양하단다. 그러면 인도 땅이 어떤 모습을 하고 있는지 하나씩 살펴보도록 할까?

타르 사막
인도 북서부 지역에 넓게 펼쳐진 사막이야. 사막 넓이가 무려 한반도와 비슷하대. 사막답게 가장 더울 때는 50도를 오르내리고, 비가 거의 내리지 않는다고 해.

해안 지역
인도는 삼면이 바다로 둘러싸인 반도야. 그만큼 해안 지역도 넓지. 이들 해안 지역은 인도에서도 가장 덥고 습한 지역으로, 바다가 가까운 덕분에 일찍이 상업과 무역이 발달했어.

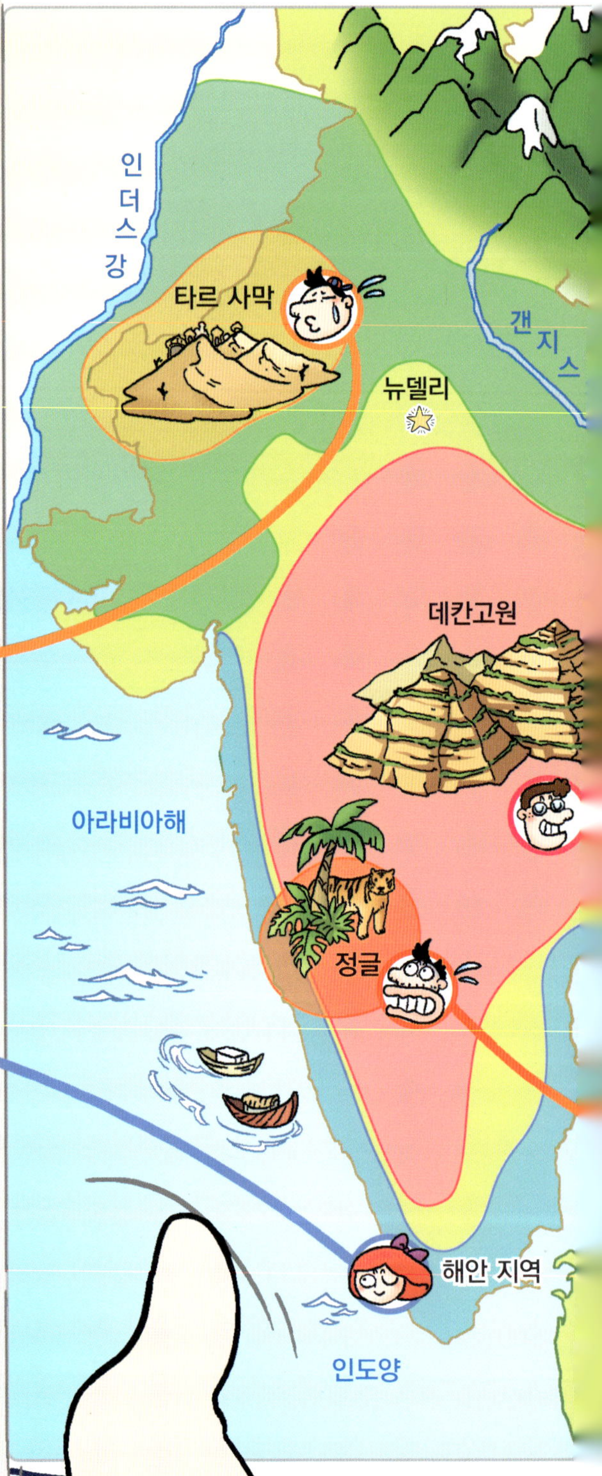

티베트고원

히말라야산맥

갠지스강 평원

벵갈만

히말라야산맥
인도 동쪽 국경을 지나는 산맥이야. 비록 네팔 땅이긴 하지만 세계에서 가장 높은 에베레스트산이 여기에 있어. 높은 산맥이 차가운 공기를 막아줘서 인도는 기후가 따뜻한 편이지.

갠지스강 평원
인도 북부에 위치한 거대 평원이야. 갠지스강을 비롯한 여러 강이 흐르고 있어서, 농사 짓기가 아주 좋아. 그 덕분에 예로부터 많은 사람이 살았어. 오늘날 인도에서도 가장 많은 사람이 살고 있지.

카비니 정글
인도에는 흑표범, 호랑이, 코끼리 등 수많은 야생동물이 살아가는 정글도 있어! 연중 내내 따뜻하고, 6~9월에 비가 많이 내리지.

데칸고원
인도 중부 지역에 넓게 펼쳐진 고원 지대야. 평균 고도는 약 600미터 정도로, 대체로 건조한 기후래. 이곳에서는 목화 농업이 발달했대.

숨은 그림 찾기

영심이가 선생님과 아이들에게 달콤하고 따뜻한 짜이를 끓여 줄 거래.
그런데 재료들이 어디에 있는지 못 찾겠네?
영심이를 도와 재료들을 찾아줘!

짜이 만들기에 필요한 재료들

유리컵 · 짜이 차 · 팔각 · 우유 · 차 거름망 · 냄비 · 숟가락

나선애, 인도 영화를 보며 춤을 추다!

뭄바이

게이트웨이 오브 인디아 → 타지마할 호텔 → 리갈 시네마 → 도비 가트

인도의 경제 도시 **뭄바이**

여행 아홉 번째 날! 뭄바이에 도착했어.

뭄바이는 인도에서 경제가 가장 발전한 도시로, 많은 사람들이 이곳에 살고 있어.

영국의 무역 기지인 동인도 회사가 있었던 곳인데, 지금도 유럽식 건물이 많이 남아 있대. 사람도 많고 엄청 복잡한 곳이지만 볼거리도 많다고 해!

여기 있는 커다란 문은 '게이트웨이 오브 인디아'!

문 주변은 멋진 포즈를 취하며 사진을 찍는 여행객들로 붐볐지.

멋진 뭄바이 시청 앞에서 ★

이 문은 옛날 유럽에서 온 배가 인도에서 가장 처음으로 마주하는 문이었단 말이지~

아, 그래서 '인도의 관문'이라고 하는 거구나?

뭄바이는 왜 이렇게 큰 도시가 되었어요?

▶ 뭄바이는 인도 최대의 국제 무역항과 국제공항을 끼고 있는 도시거든. 인도 무역량의 3분의 1을 여기서 취급한대. 또, 세계적인 영화 산업의 중심지이기도 해.

문 맞은편에는 엄청나게 멋진 건물이 있었어.

와아, 저기는 뭐 하는 건물일까?

우리는 붉은색 둥근 지붕을 두른 궁전 같은 건물을 두고 토론을 벌였어.

"저렇게 화려한 걸 보니 왕이 살았던 궁전이야."

"아니거든? 내 생각엔 박물관이야."

선생님은 우리 말을 가만히 들으시더니,

뭄바이 최고의 호텔 '**타지마할**'이라고 하셨어.

인도를 방문하는 정치가나 유명 인사들이 묵는 곳이래.

지어진 지 백년이 넘었다고 해서 깜짝 놀랐지.

뭄바이를 봄베이라고 부르는 사람도 있다던데, 왜 그런가요?

▶ 영국 식민지 시절, 뭄바이를 봄베이라고 불렀거든. 그래서 뭄바이를 아직도 봄베이라고 부르는 사람이 많단다.

도시락 배달꾼 다바왈라

우리는 뭄바이 시내를 둘러보기로 했어. 하늘을 찌를 듯한 고층 빌딩이 정말 많더라.

따르릉- 따릉- 따르릉-

갑자기 자전거 여러 대가 우리 옆을 휙, 지나갔어. 대체 뭐야?

"도시락을 나르는 '다바왈라'들이야. 뭄바이 직장인들은 집에서 배달해 오는 도시락으로 점심을 해결해."

인도는 믿는 종교마다 먹는 음식이 달라서, 밖에서 사 먹기보다는 점심시간에 맞춰 집에서 만든 도시락을 배달시켜 먹는대. 하루에 배달되는 도시락만 20만 개가 넘는다고 하더라!

그렇게 많은 도시락을 배달하는데 배달 사고는 안 나요?

▶ 의외로 도시락이 잘못 전달될 확률은 매우 낮아. 도시락통에는 배달 장소와 받는 사람을 뜻하는 표시가 각각 새겨져 있거든. 표시만 잘 확인하면 도시락을 알맞게 배달할 수 있지.

"얘들아, '인도의 할리우드' 뭄바이에 왔으니 인도 영화를 보러 갈까?"

선생님을 따라 극장에서 영화를 보기로 했어.

우리가 본 영화는 주인공이 나쁜 악당을 무찌르는 영화였어.

춤을 추고 노래를 부를 때에는 다 함께 몸을 움직이며 노래를 따라 부르더라고!

우리도 신이 나서 옆에 앉은 사람들과 함께 덩실덩실 춤을 추었어.

알고 보니 인도 영화에는 이렇게 춤과 노래가 들어가는 게 많대.

인도 영화, 너무 재밌다아~!

뭄바이가 인도의 할리우드라고요?

▶ 뭄바이에서 만들어지는 영화 편수는 세계 제일을 자랑한단다. 그래서 뭄바이를 옛 이름인 봄베이와 미국의 영화 중심지인 할리우드를 합쳐서 '발리우드'라고 불러.

카스트 제도를 엿볼 수 있는 도비 가트

버스를 타고 '도비 가트'에 도착했어. 도비 가트는 세계에서 가장 큰 빨래터래. 좁은 간격으로 빽빽하게 걸린 빨랫줄 위로 사람들이 정성스레 빤 옷이 널려 있었어. 헐, 저 많은 빨래가 일일이 손으로 빤 거라고?
"정말 놀랍지? 하루에 5천 명 되는 일꾼들이 이곳에서 옷을 세탁한단다."
그래서 도비 가트에는 옷을 빨고 헹굴 공간만 무려 1천 칸이 넘는대!

"이곳은 세계에서 가장 큰 빨래터로 기네스북에 올랐단다."

"음, 하루 종일 빨래를 해야 한다니, 너무 고된데요?"

"설마, 저걸 다 손으로 일일이 빨진 않겠지?"

"요즘에는 세탁기로도 빨래를 한다고~"

"꼭 목욕탕처럼 생겼다!"

빨래하는 사람들은 누구예요?
▶ 인도에는 사람의 계급을 구별하는 '카스트 제도'가 있어. 그런데 계급에 속하지도 못하고, 인간 이하의 취급을 받는 불가촉천민들이 바로 도비 가트에서 평생 빨래를 하며 살아가.

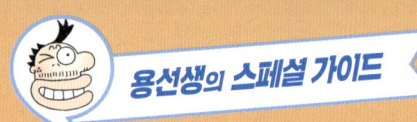 용선생의 스페셜 가이드

인도 영화 완전 정복!

인도는 영화 산업이 엄청나게 발달한 나라야.
일 년에 제작되는 영화만 무려 1,000편이 넘어가지. 수출도 꽤 오래전부터 해 왔어.
하지만 인도 영화는 한국에 알려지기 시작한 지 얼마 되지 않았단다.
자, 그래서 인도 영화에 대해 궁금한 것들을 아이들이 조사해 왔어!

인도 영화의 필수 요소, 춤과 노래

인도 영화를 보면 등장인물이 뜬금없이 춤을 추고 노래를 부르곤 해. 이렇게 영화에 들어가는 춤과 노래를 '**마살라**'라고 해. 인도는 공용어만 열 개가 넘고 글자를 모르는 사람도 많아서 대사와 자막만으로는 내용을 알기가 어렵거든. 그래서 영화 중간에 춤을 넣어 언어와 글자를 몰라도 쉽게 이해할 수 있게 만드는 거야.

인도 영화가 상영 시간이 긴 이유

인도 영화는 보통 상영 시간이 3시간이 넘는 경우가 많아. 왜 이렇게 기냐고? 인도는 최근에야 텔레비전이 보급되는 등 즐길 오락거리가 많지 않아. 그래서 온 마을 사람들이 모여 영화를 보면서 시간을 보내는 게 거의 유일한 재미였지. 그러다 보니 아무리 재밌는 영화더라도 상영 시간이 너무 짧으면 곤란했어. 그 결과 지금처럼 영화가 길어진 거래.

극적이고 과장된 액션

인도 액션 영화에는 비현실적인 장면이 많이 나와. 주인공이 시공간을 넘나들며 적을 무찌르고, 심지어 하늘을 날아다니기도 하지. 말이 안 되는 설정이지만, 많은 인도 사람들은 영화 속 액션에 통쾌함을 느낀단다. 현실의 고단함을 영화 속 시원시원한 액션과 비현실적인 이야기로 뻥~ 날려 버리는 거야.

영화 사랑이 음악 사랑으로

영화에 등장하는 배우들 못지않게 인기를 끄는 사람들도 있어. 바로 영화 속에 등장하는 노래를 부르는 가수들이야. 사실 인도 영화에서는 배우들은 춤을 추며 립싱크를 하고, 노래는 가수가 따로 부르거든. 인도 사람들은 영화 속에 등장하는 노래를 매우 좋아해서 목소리만 들어도 어떤 가수가 불렀는지를 단박에 알 정도래.

미션 해결 — 지금 여행지에서는?

도시락 주인 찾기

다바왈라가 복잡한 뭄바이 시내에서 점심시간 전에 도시락을 배달하려고 해.
다바왈라를 도와 도시락 주인을 찾아주지 않을래?

잘 부탁해!

그러니까, 이건 은행 앞에 있는 갈색 머리 언니에게?

나는 신문을 파는 아저씨에게!

이건 노란 건물 앞에서 기다리는 터번 쓴 아저씨에게!

곽두기, 코친에서 향신료의 강한 향기에 놀라다!

코친 시내 ▶ 향신료 가게 ▶ 까따깔리 공연장

국제 무역 도시였던 **코친**

인도 여행 마지막 날! 우리는 인도 남부의 항구 도시 '코친'에 와 있어.

"코친은 아름다운 해변 덕분에 인도 사람들에게 인기가 많은 관광지란다."

우린 각자 좋아하는 음식을 꽉꽉 담은 도시락을 꺼내 고운 모래밭에 앉았어.

철썩, 쏴아아~ 예쁜 바다를 보면서 밥을 먹으니 평소보다 더 맛있는 것 같았지.

앗, 근데 내 반찬이 어디 갔지?

한눈파는 사이에 하다 형이 몰래 집어 갔나 봐!

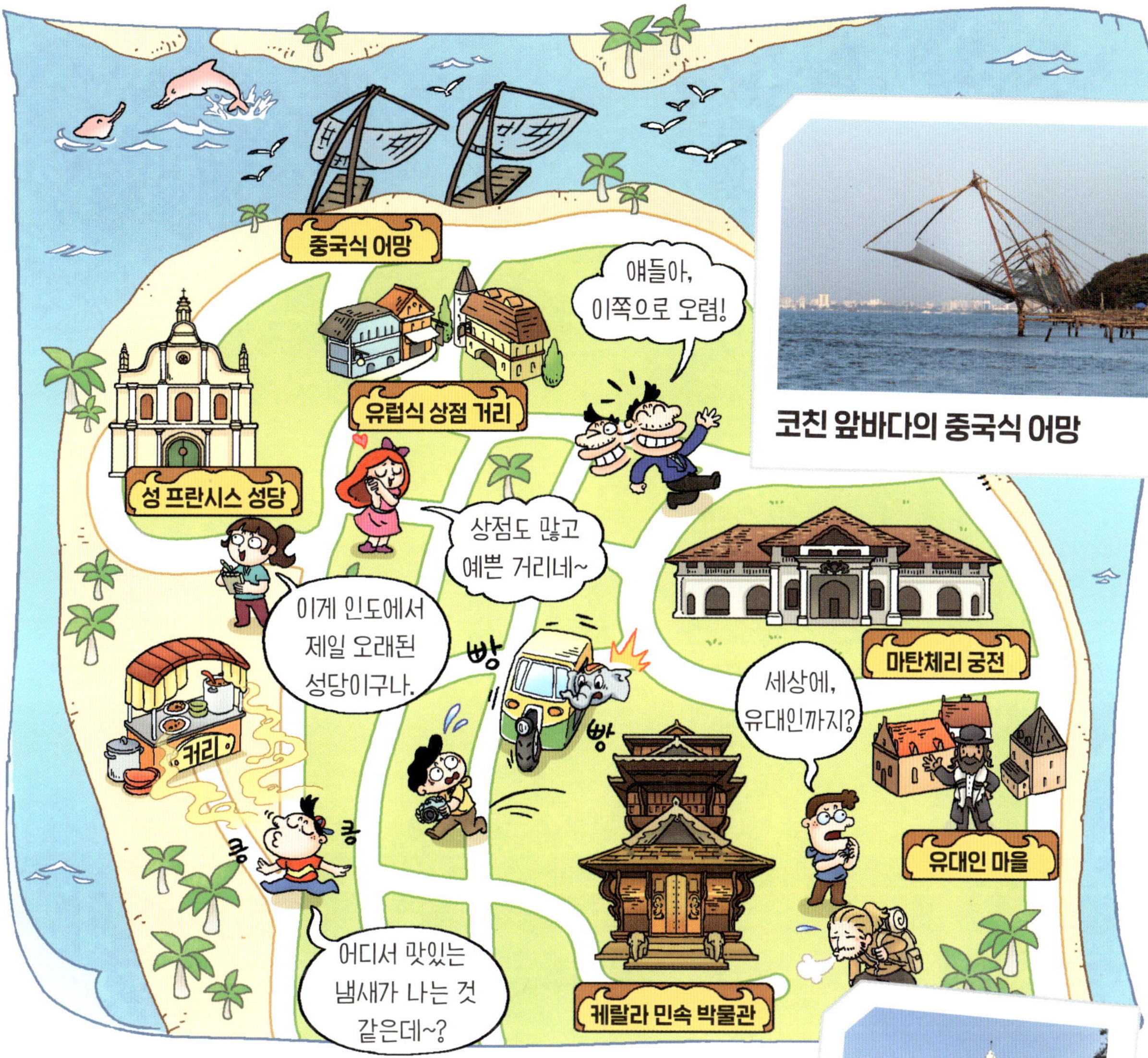

선생님과 함께 코친 시내를 둘러보기로 했어.
코친은 먼 옛날 해외 무역의 중심지여서,
외국인의 왕래가 잦았대.
"구석구석 외국인이 지어 놓은 각양각색의
건물이 많단다. 어디부터 가볼까?"
우린 인도에서 가장 오래되었다는 가톨릭 성당과 유럽식으로 지어졌다는 상점
거리를 구경했어. 또 인도에 유일하게 남아 있다는 유대인 동네도 둘러보았지.

 정말 저 거대한 그물로 물고기를 잡아요?

▶ 응. 하지만 시장에 내다 팔 정도로 많이 잡히진 않아. 그래서 요즘은 고기잡이보다는 관광객을 대상으로 한 체험이나 전시용으로 많이 쓰이지.

향신료 무역의 중심지 코친

여긴 코친의 향신료 가게야! 코친 하면 향신료라는데 우리가 안 와볼 수 없겠지?

"킁킁, 에취! 선생님~ 이게 무슨 냄새예요?"

입구부터 풍기는 강한 냄새에 선애 누나가 재채기를 했어.

나도 코가 간질간질했지. 가게 안에서는 다양한 향신료를 팔고 있었어.

후추와 고추, 계피처럼 익숙한 향신료도 있었고, 낯선 향신료도 있었지.

호기심 삼아 조금 맛보았는데, 정말 향이 강렬하더라고!

코친은 왜 향신료로 유명해요?

▶ 코친은 후추의 산지이자 무역항이었어. 코친이 있는 케랄라 지역을 예전에는 '말라바'라고 불렀는데, 예로부터 말라바 후추는 최고의 품질을 자랑했지.

손님으로 가득한 코친의 향신료 가게

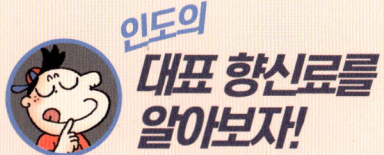
인도의 대표 향신료를 알아보자!

후추 후추는 고기의 누린내를 없애고 음식에 맛을 더하기 위해 오래전부터 사랑받던 향신료였어. 특히 고기를 많이 먹는 유럽인들 사이에서 인기가 높았지. 하지만 옛날에는 인도와 동남아시아에서만 구할 수 있었기 때문에 매우 귀하고 비쌌단다.

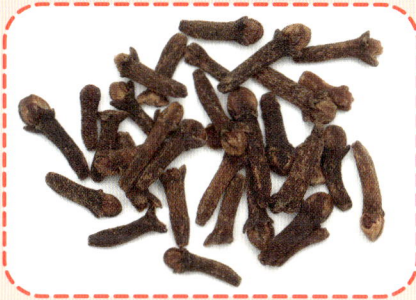

정향 정향은 정향나무의 꽃봉오리로, 오랫동안 후추 못지않게 인기가 높은 향신료였어. 고기의 누린내를 잡아줘서 돼지고기 요리에 주로 쓰인대.

육두구 독특한 향기로 주로 생선이나 고기 요리의 잡내를 없애는 데 쓰인대. 중세 유럽에서는 육두구를 약이나 방부제로도 사용했어. 그래서 값이 아주 비쌌지.

📍 대사가 없는 전통 연극 **까따깔리**

우린 든든하게 배를 채우고 '까따깔리'라는 인도 전통 공연을 보기로 했어!
공연장에 미리 가면 분장하는 배우들을 볼 수 있대!
무대 위에서는 배우들이 각자 역할에 맞춰 분장을 하고 있었어. 분장사 아저씨가
능숙한 손길로 얼굴에 멋진 그림을 그리는데, 연신 감탄이 나오더라고!
"와아, 엄청 복잡한 그림인데 어쩜 저렇게 쉽게 그리지?"
우리의 반응에 아저씨는 웃으시더니, 우리한테도 분장을 해 주시겠다 하셨어.
아앗, 정말 감사합니다! 저는 주인공으로 분장시켜 주세요!

"쉿, 조용히! 기다리던 공연이 막 시작했어!"

챙챙챙- 음악 소리와 함께 화려한 분장을 한 배우들이 무대에 등장했지.

배우들은 음악에 맞춰 춤을 추며 다양한 표정을 지었어.

갑자기 표정을 찌푸렸다가, 또 환하게 웃음을 지었지.

대사는 하나도 없었지만, 춤과 연기를 보는 것만으로 시간이 훌쩍 지나가 버렸어.

공연이 끝나자 모두가 일어나 박수를 쳤어.

나도 배우들을 향해 있는 힘껏 박수를 쳤지.

아쉽지만 곧 한국으로 돌아가야 해. 인도, 조금만 더 머물고 싶다~

까따깔리 공연

까따깔리에서 다루는 주제가 뭐예요?

▶ 주로 힌두교 신화를 다뤄. 가장 인기가 많은 건 힌두 신과 영웅들이 등장하는 서사시 <라마야나>란다.

용선생의 스페셜 가이드

맛과 향이 풍부한 인도 요리

인도는 땅이 넓은 만큼 지역마다 다양한 요리가 발달했어.
종교에 따라 먹을 수 있는 음식이 다르고,
어떤 향신료를 썼는지에 따라 같은 음식이어도 맛과 향이 확~ 달라지거든.
알고 보면 매우 다양한 인도 요리, 과연 어떤 것들이 있을까?
함께 알아보자!

인도 요리의 필수 요소

바로 **향신료**야! 인도 사람들은 요리할 때
각종 향신료를 아낌없이 쓰거든.
그래서 인도 요리는 맛과 향이 매우 강하고 독특하단다.
또 인도 요리에는 거의 '기'라고 하는 버터가 들어가.
소의 젖으로 만들었기 때문에,
많은 인도 사람들이 신성하게 여기지.

커리

인도, 하면 바로 떠오르는 요리야.
넣는 재료에 따라 종류가 수천 가지나 돼.
인도 사람들은 보통 커리에 밀가루를 얇게 부친
난을 찍어 먹거나 쌀밥을 곁들여 먹어.

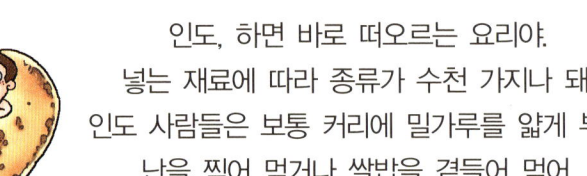

팔락 파니르
시금치와 치즈가 들어간 커리.
고소하고 부드러운, 순한 맛의
커리야.

빈달루
인도 남부에서 즐겨 먹는 커리.
고춧가루와 식초가 들어가
매콤하고 새콤해.

마크니
인도 북서부에서 즐겨 먹는 커리.
버터가 많이 들어가서 맛이
부드럽대.

그 밖의 요리들

탄두리 치킨
향신료로 양념한 닭고기를 화덕에 구워낸 요리야.

사모사
밀가루 반죽 안에 감자와 다진 고기를 넣은 뒤 튀겨낸 만두 요리.

도사
쌀로 만든 짭짤한 팬케이크. 인도 남부에서 즐겨 먹어.

달콤한 디저트

인도 사람들은 옛날부터 달콤한 디저트를 즐겨 먹었어.
설탕의 원료인 사탕수수의 원산지가 바로 인도거든.

굴랍 자문
달콤한 치즈를 설탕 시럽에 졸여 만든 과자야.

젤라비
밀가루 반죽을 설탕 시럽에 절여 튀겨낸 요리.

라씨
물소의 젖을 발효시켜 만든 요구르트야. 취향에 따라 과일이나 달콤한 소스를 넣지.

인도의 식사 예절

1. 왼손과 오른손의 구분은 철저히!
인도에서는 손으로 밥을 먹기 때문에, 왼손과 오른손의 구분이 철저해. 왼손은 화장실에서 용변을 처리할 때만 쓴다고 생각하기 때문에, 밥을 먹을 땐 오른손으로 먹어야 해!
악수를 할 때도 마찬가지라고~

2. 음식은 각자 그릇에 덜어서 먹기!
인도 사람들은 냄비나 우묵한 그릇에 담겨 나오는 음식을 각자 그릇에 덜어 먹는대. 또 자기 그릇에 담겨 있는 음식을 상대방에게 권하는 것은 예의가 아니라니까 주의하라고!

따로 따로

숨은 단어 찾기

흥미진진했던 인도 여행도 이제는 끝!
그동안 여행하며 알게 된 단어가 아래에 숨겨져 있어.
모두 10개야. 함께 찾아보도록 할까?

세	가	영	타	뭄	바	이	뿌	이	코
힌	두	교	짜	쩨	탄	보	피	뉴	싱
체	까	탈	치	레	본	리	게	델	포
린	갠	지	스	강	웨	수	도	리	까
데	타	다	멕	벵	라	나	더	빈	따
마	홍	르	살	설	토	무	레	해	깔
꾸	히	질	미	초	조	펀	번	자	리
시	힌	링	베	테	슬	야	드	두	뜹
간	슈	흐	시	레	말	타	지	마	할
디	띠	요	체	사	크	뿌	두	코	캐

❶ 인도의 **수도**는?

❷ 무굴 제국의 황후였던 **뭄타즈 마할의 무덤**으로 아주 크고 화려해.

❸ **인도 독립의 아버지**로 추앙받는 사람이야. 수많은 사람을 이끌고 독립 운동을 벌였지.

❹ **인도를 대표하는 종교**야. 셀 수 없이 많은 신을 믿는 걸로 유명하지.

❺ 가난하고 병든 사람을 돌보는데 평생을 바치신 **수녀님**이야. 마더 OOO.

❻ 힌두교를 믿는 **인도 사람들이 매우 신성하게 여기는 강**이래.

❼ 부처님은 **이곳 아래에서 명상을 하다 깨달음**을 얻었대.

❽ **히말라야산맥에 있는 도시**로 아주 질이 좋은 홍차가 나는 곳으로 유명해.

❾ **인도 최대의 경제 도시**. 옛 이름은 봄베이.

❿ **인도 전통 공연 예술** 중 하나야. 분장한 배우가 음악에 맞춰 춤을 추며 다양한 표정을 짓지.

안녕~ 인도!

여행은 즐거웠니?
여행하며 배운 내용을 다시 한번 확인해 볼까?

퀴즈로 정리하는 인도

인도 땅은 어떻게 생겼을까?  지리

다음 문장을 읽고 옳은 것에는 O, 틀린 것에는 X에 동그라미를 쳐 보자.

1. 인도의 수도는 코친이야. (O , X)

2. 인도 북쪽 국경을 지나는 산맥은 '히말라야산맥'이야. (O , X)

3. 인도는 일 년 내내 덥기만 해. (O , X)

역사 인도는 어떤 역사를 가지고 있을까?

보기 에서 알맞은 단어를 찾아 빈칸에 써 보자!

보기 인더스, 아소카, 굽타, 영국, 프랑스, 미국, 간디, 네루, 무굴, 마우리아

4. 인더스강 주변에는 인류의 4대 문명 중 하나인 (　　　　) 문명이 생겨났어.

5. (　　　　) 왕조는 인도 최초로 남부와 북부를 아우르는 통일 국가를 세운 나라야.

6. 인도는 약 100년 간 (　　　　)의 식민지였어.

7. (　　　　)는 비폭력 불복종 운동을 이끈 사람이야.

문화

인도 사람들은 어떤 모습으로 살아갈까?

다음 문장을 읽고, 알맞은 답을 골라 보자.

8 (   )는 인도의 대표 요리로, 넣는 재료에 따라 종류가 다양해.
   ① 쌀국수   ② 초밥   ③ 커리

9 인도 사람들의 약 80퍼센트는 (   )를 믿어!
   ① 불교   ② 이슬람교   ③ 힌두교

10 (   ) 제도는 인도의 엄격한 사회적 신분 제도란다.
   ① 카스트   ② 두르가   ③ 시타르

인도는 어떤 산업이 발달했을까?

인도 경제에 대한 설명을 읽고, 알맞은 단어에 동그라미 쳐 보자.

11 인도는 (광물 / 첨단) 산업이 발달했어.
    세계 주요 IT 기업 회사들이 많지.

12 대도시 뭄바이는 (영화 / 자동차) 산업이 발달한 곳으로 유명해.
    '발리우드'라고도 불리지.

정답

1일

2일

3일

4일

5일

6일

7일

8일

9일

10일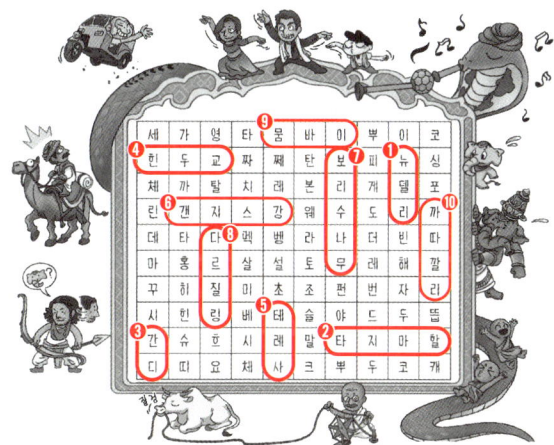

퀴즈로 정리하는 인도 <정답>

1 X	2 O	3 X	4 인더스
5 마우리아	6 영국	7 간디	8 ③
9 ③	10 ①	11 첨단	12 영화

나도 곳곳에 숨어 있었는데, 찾았니? 몰랐다면 다시 한번 살펴봐~

〈사진 제공〉

[셔터스톡] Saurav022, Singh Virender, ABIR ROY BARMAN, Zoran Karapancev, Elena Ermakova, Sarunyu L, AbhishekMittal, Roop_Dey, Thanachet Maviang, d_odin, Bhaven Jani, Sumit Bhowmick, Radiokafka, saiko3p, Zvonimir Atletic, Artit Wongpradu, Hari Mahidhar, Roop_Dey, Damian Pankowiec, De Visu, PeoGeo, Kakoli Dey, P.V.R.Murty, Snehal Jeevan Pailkar, RAMNIKLAL MODI, Elena Odareeva, rkl_foto, cornfield / [위키피디아] Department of Space(India), Habeeb, Chrisi1964, Rajesh Kapoor, Jigar Brahmbhatt, amy dreher, Saqib Qayyum, Joe Ravi, Kingkongphoto & www.celebrity-photos.com, les

※ 퍼블릭 도메인은 따로 표기하지 않았습니다.

용선생이 간다 : 인도
세계 문화 여행 ⑧

1쇄 발행 2021년 1월 4일
5쇄 발행 2025년 6월 23일

글 사회평론 역사연구소
구성 이영민
그림 김지희, 전성연
자문 및 감수 전명윤
캐릭터 이우일
어린이사업본부 이승필
편집 송용운, 김언진, 김형겸, 오영인, 윤선아, 남소영, 양지원
마케팅 윤영채, 정하연, 안은지, 박찬수
경영지원 나연희, 주광근, 오민정, 정민희, 김수아, 김승현
디자인 박효영
조판 디자인 톡톡

펴낸이 윤철호
펴낸곳 ㈜사회평론
전화 02-326-1182
팩스 02-326-1626
주소 03993 서울시 마포구 월드컵북로6길 56 사평빌딩
용선생 클래스 yongclass.com
출판등록 1993년 10월 6일 제10-876호

ⓒ사회평론, 2021

ISBN 979-11-6273-152-9 77900

* 이 책 내용의 일부나 전부를 다시 사용하려면 저작권자와 사회평론의 동의를 받아야 합니다.
* 잘못 만들어진 책은 구입하신 곳에서 바꾸어 드립니다.

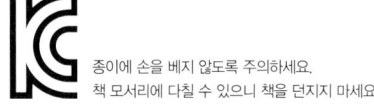
종이에 손을 베지 않도록 주의하세요.
책 모서리에 다칠 수 있으니 책을 던지지 마세요.